杭州优秀传统文化丛书

Hangzhou Youxiu Chuantong Wenhua Congshu

相传久 岁时风俗

徐芳——著

杭州出版社

图书在版编目（CIP）数据

岁时风俗相传久 / 徐芳著 . -- 杭州 : 杭州出版社，
2022.8
（杭州优秀传统文化丛书）
ISBN 978-7-5565-1862-3

Ⅰ . ①岁… Ⅱ . ①徐… Ⅲ . ①风俗习惯—介绍—杭州
Ⅳ . ① K892.455.1

中国版本图书馆 CIP 数据核字（2022）第 137371 号

Suishi Fengsu Xiangchuan Jiu

岁时风俗相传久

徐 芳 著

责任编辑	沈 倩
装帧设计	章雨洁
美术编辑	祁睿一
责任校对	陈铭杰
责任印务	姚 霖
出版发行	杭州出版社（杭州市西湖文化广场32号6楼）
	电话：0571-87997719　邮编：310014
	网址：www.hzcbs.com
排　版	浙江时代出版服务有限公司
印　刷	天津画中画印刷有限公司
经　销	新华书店
开　本	710 mm × 1000 mm　1/16
印　张	15.75
字　数	210千
版印次	2023年1月第1版　2023年1月第1次印刷
书　号	ISBN 978-7-5565-1862-3
定　价	58.00元

序 言

文化是城市最高和最终的价值

　　我们所居住的城市，不仅是人类文明的成果，也是人们日常生活的家园。各个时期的文化遗产像一部部史书，记录着城市的沧桑岁月。唯有保留下这些具有特殊意义的文化遗产，才能使我们今后的文化创造具有不间断的基础支撑，也才能使我们今天和未来的生活更美好。

　　对于中华文明的认知，我们还处在一个不断提升认识的过程中。

　　过去，人们把中华文化理解成"黄河文化""黄土地文化"。随着考古新发现和学界对中华文明起源研究的深入，人们发现，除了黄河文化之外，长江文化也是中华文化的重要源头。杭州是中国七大古都之一，也是七大古都中最南方的历史文化名城。杭州历时四年，出版一套"杭州优秀传统文化丛书"，挖掘和传播位于长江流域、中国最南方的古都文化经典，这是弘扬中华优秀传统文化的善举。通过图书这一载体，人们能够静静地品味古代流传下来的丰富文化，完善自己对山水、遗迹、书画、辞章、工艺、风俗、名人等文化类型的认知。读过相关的书后，再走进博物馆或观赏文化景观，看到的历史遗存，将是另一番面貌。

过去一直有人在质疑，中国只有三千年文明，何谈五千年文明史？事实上，我们的考古学家和历史学者一直在努力，不断发掘的有如满天星斗般的考古成果，实证了五千年文明。从东北的辽河流域到黄河、长江流域，特别是杭州良渚古城遗址以距今5300—4300年的历史，以夯土高台、合围城墙以及规模宏大的水利工程等史前遗迹的发现，系统实证了古国的概念和文明的诞生，使世人确信：这里是古代国家的起源，是重要的文明发祥地。我以前从来不发微博，发的第一篇微博，就是关于良渚古城遗址的内容，喜获很高的关注度。

我一直关注各地对文化遗产的保护情况。第一次去良渚遗址时，当时正在开展考古遗址保护规划的制订，遇到的最大难题是遗址区域内有很多乡镇企业和临时建筑，环境保护问题十分突出。后来再去良渚遗址，让我感到一次次震撼：那些"压"在遗址上面的单位和建筑物相继被迁移和清理，良渚遗址成为一座国家级考古遗址公园，成为让参观者流连忘返的地方，把深埋在地下的考古遗址用生动形象的"语言"展示出来，成为让普通观众能够看懂、让青少年学生也能喜欢上的中华文明圣地。当年杭州提出西湖申报世界文化遗产时，我认为这是一项需要付出极大努力才能完成的任务。西湖位于蓬勃发展的大城市核心区域，西湖的特色是"三面云山一面城"，三面云山内不能出现任何侵害西湖文化景观的新建筑，做得到吗？十年申遗路，杭州市付出了极大的努力，今天无论是漫步苏堤、白堤，还是荡舟西湖里，都看不到任何一座不和谐的建筑，杭州做到了，西湖成功了。伴随着西湖申报世界文化遗产，杭州城市发展也坚定不移地从"西湖时代"迈向了"钱塘江时代"，气势磅礴地建起了杭州新城。

从文化景观到历史街区，从文物古迹到地方民居，众多文化遗产都是形成一座城市记忆的历史物证，也是一座城市文化价值的体现。杭州为了把地方传统文化这个大概念，变成一个社会民众易于掌握的清晰认识，将这套丛书概括为城史文化、山水文化、遗迹文化、辞章文化、艺术文化、工艺文化、风俗文化、起居文化、名人文化和思想文化十个系列。尽管这种概括还有可以探讨的地方，但也可以看作是一种务实之举，使市民百姓对地域文化的理解，有一个清晰完整、好读好记的载体。

传统文化和文化传统不是一个概念。传统文化背后蕴含的那些精神价值，才是文化传统。文化传统需要经过学者的研究提炼，将具有传承意义的传统文化提炼成文化传统。杭州与丛书作者在创作方面作了种种古为今用、古今观照的探讨交流，还专门增加了"思想文化系列"，从杭州古代的商业理念、中医思想、教育观念、科技精神等方面，集中挖掘提炼产生于杭州古城历史中灵魂性的文化精粹。这样的安排，是对传统文化内容把握和传播方式的理性思考。

继承传统文化，有一个继承什么和怎样继承的问题。传统文化是百年乃至千年以前的历史遗存，这些遗存的价值，有的已经被现代社会抛弃，也有的需要在新的历史条件下适当转化，唯有把传统文化中这些永恒的基本价值继承下来，才能构成当代社会的文化基石和精神营养。这套丛书定位在"优秀传统文化"上，显然是注意到了这个问题的重要性。在尊重作者写作风格、梳理和讲好"杭州故事"的同时，通过系列专家组、文艺评论组、综合评审组和编辑部、编委会多层面研读，和作者虚心交流，努力去粗取精，古为今用，这种对文化建设工作的敬畏和温情，值得推崇。

人民群众才是传统文化的真正主人。百年以来，中华传统文化受到过几次大的冲击。弘扬优秀传统文化，需要文化人士投身其中，但唯有让大众乐于接受传统文化，文化人士的所有努力才有最终价值。有人说我爱讲"段子"，其实我是在讲故事，希望用生动的语言争取听众。今天我们更重要的使命，是把历史文化前世今生的故事讲给大家听，告诉人们古代文化与现实生活的关系。这套丛书为了达到"轻阅读、易传播"的效果，一改以文史专家为主作为写作团队的习惯做法，邀请省内外作家担任主创团队，组织文史专家、文艺评论家协助把关建言，用历史故事带出传统文化，以细腻的对话和情节蕴含文化传统，辅以音视频等其他传播方式，不失为让传统文化走进千家万户的有益尝试。

中华文化是建立于不同区域文化特质基础之上的。作为中国的文化古都，杭州文化传统中有很多中华文化的典型特征，例如，中国人的自然观主张"天人合一"，相信"人与天地万物为一体"。在古代杭州老百姓的认知里，由于生活在自然天成的山水美景中，由于风调雨顺带来了富庶江南，勤于劳作又使杭州人得以"有闲"，人们较早对自然生态有了独特的敬畏和珍爱的态度。他们爱惜自然之力，善于农作物轮作，注意让生产资料休养生息；珍惜生态之力，精于探索自然天成的生活方式，在烹饪、茶饮、中医、养生等方面做到了天人相通；怜惜劳作之力，长于边劳动，边休闲娱乐和进行民俗、艺术创作，做到生产和生活的和谐统一。如果说"天人合一"是古代思想家们的哲学信仰，那么"亲近山水，讲求品赏"，应该是古代杭州人的生动实践，并成为影响后世的生活理念。

再如，中华文化的另一个特点是不远征、不排外，这体现了它的包容性。儒学对佛学的包容态度也说明了这一点，对来自远方的思想能够宽容接纳。在我们国家的东西南北甚至是偏远地区，老百姓的好客和包容也司空见惯，对异风异俗有一种欣赏的态度。杭州自古以来气候温润、山水秀美的自然条件，以及交通便利、商贾云集的经济优势，使其成为一个人口流动频繁的城市。历史上经历的"永嘉之乱，衣冠南渡"，"安史之乱，流民南移"，特别是"靖康之变，宋廷南迁"，这三次北方人口大迁移，使杭州人对外来文化的包容度较高。自古以来，吴越文化、南宋文化和北方移民文化的浸润，特别是唐宋以后各地商人、各大商帮在杭州的聚集和活动，给杭州商业文化的发展提供了丰富营养，使杭州人既留恋杭州的好山好水，又能用一种相对超脱的眼光，关注和包容家乡之外的社会万象。这种古都文化，也代表了中华文化的包容性特征。

城市文化保护与城市对外开放并不矛盾，反而相辅相成。古今中外的城市，凡是能够吸引人们关注的，都得益于与其他文化的碰撞和交流。现代城市要在对外交往的发展中，进行长期和持久的文化再造，并在再造中创造新的文化。杭州这套丛书，在尽数杭州各色传统文化经典时，有心安排了"古代杭州与国内城市的交往""古代杭州和国外城市的交往"两个选题，一个自古开放的城市形象，就在其中。

"杭州优秀传统文化丛书"团队在传统和现代的结合上，想了很多办法，做了很多努力。传统文化丛书要得到广大读者接受，不是件简单的事。我们已经走在现代化的路上，传统和现代的融合，不容易做好，需要扎扎实实地做，也需要非凡的创造力。因为，文化是城市功能的最高价值，也是城市功能的最终价值。从"功能城市"走向"文化城市"，就是这种质的飞跃的核心理念与终极目标。

2020 年 9 月

（单霁翔，中国文物学会会长）

西湖十景图（局部）

目 录

引 言

小楼卧听卖瓯兰，怅触前尘感百端。

垂老尚思争钵韵，一杯娄尾咏辛盘。

　　这是清朝文人汪沆的一首诗，诗中写到了杭州人春节时的一种风俗节物：卖瓯兰花。瓯兰花，一名报春花，生长于荒野田边，早春开放，先一茎一花，继则花团锦簇，花香浓郁。正月里，杭州人用马头竹篮盛之，歌叫鬻于市，成为杭州新年的一道节俗风景。清代浙派诗人吴锡麒也曾经很有感触地说道："吾乡正月方卖瓯兰。"

　　280 年前，一种叫瓯兰的花，如此鲜明地唤醒了汪沆的记忆，丰富了他的生命体验。少年时曾经熟悉的生活，历经沧桑后过节时的感慨，因为春节卖瓯兰花这种风俗而相遇，连接在一起，共同构成了诗人那一刹那新的经验，新的感受。

　　我们应该说汪沆是幸运的吗？因为许多这样的传统风俗节物正在远离我们而去，消逝在时光的背影中。随着时代的变迁，我们的生活和我们的传统习俗都在发生着急剧的变化，技术进步和消费文化带来的"祛魅"，带来了观念上的进步，但也导致了文化上的消解，传统文化中神秘性、神圣性的维度不再理所当然地存在。我们失去了回到过去、回到故乡家山、回到儿时记忆的密码。

比如说过年，在中国人所有的节日中，过年既是总结性的，又是过渡性的；既代表着旧的一年的结束，又连接着新的一年的开始，让人们在节日的欢乐中忘却日常生活的琐碎，参与到一个更为广阔的神圣而诗意的空间。但现在经常会听到有人说过年没有年味。尤其在城市里，一到过年，随着返乡人群归去，街道变得冷冷清清，小区里也看不到多少人了。传统年节还剩下什么呢？除了亲戚之间拜年吃饭，似乎只能看看春节联欢晚会了。传统年节原来的那些隆重的习俗，丰富的意蕴，已经很难再现了，我们很难再体验到那种传统文化氛围。

"一夜连双岁，五更分二年。"送灶神、祭祖先、换春联、贴门神、分岁酒等种种活动，正逐渐被人们遗忘；丰收的欢乐、团圆的期待、新年顺利平安的祈盼，数千年历史积淀形成的春节文化意义，也将渐渐枯萎，失去丰盈的内涵。"我们变得贫乏了。人类遗产被我们一件件交了出去，常常只以百分之一的价值押在当铺，只为了换取'现实'这一小枚铜板。"本雅明批判过的西方资本主义社会"经验贫乏"的现实，也正在成为我们要面对的问题。

传统风俗文化的可贵之处正在于这里。它源于日常生活，又超越于日常生活，把人们当下的生活与一个更加广阔、神圣的空间联系起来，赋予生活以积极乐观的意义。因此，传统风俗不是一些已经过时僵化的奇风异俗，它们诠释着我们曾经的生活，而是一道历经久远，回响在我们血脉深处，不断注入并丰富着我们存在意义的文化源头。

作为中国六大古都之一的杭州，兼具吴越文化和北方文化特色，在悠久的历史进程中，杭州广大劳动人民创造了丰富多彩的民俗文化。独特的民间艺术、历史传说、风土人情、礼俗习尚、百工技艺，既是杭州二千多年历史发展的成果，是灿烂杭州文化的重要组成部分，也是新的历史阶段发展新杭州文化的宝贵资源。

钟敬文先生就认为，民俗文化的传承，是由它的重要功能所决定的。什么样的功能呢？"帮助他们了解自己的祖先曾经历了怎样的生活，历来中国人怎样看待这类问题……从什么地方可以看出中国人的情感、价值观、思想观念、理想、信仰，以及个体、集体与民族共同体之间的历史联系，等等。"简而言之，传统民俗文化是我们明白自身来处，理解当下所是，以及维系现在与历史联系不可或缺的重要途径。

所以，我们必须要善待、呵护传统民俗文化。不但要挖掘、保护，更要研究、诠释、继承，让优秀的传统文化重新焕发生机。在传统民俗"活化"的过程中，让我们的生活意义变得更为丰富，让现代人的心灵重新得到传统文化的滋养。这样我们才能在现代化的进程中，坚守住自己的文化家园，我们的精神世界才不会在商业主义的浪潮中枯萎。

写作本书，缘于朋友和杭州出版社几位编辑的鼓励。因为学识所限，我担心自己不能胜任这项工作，但随着资料搜集和写作的进行，我不由得为这项工作所吸引。杭州民俗的丰富内涵，传统文化的雅韵意趣，在我面前展开了一个淳朴、和谐的世界。这个世界是忙碌的，又是安闲的；是日常的，又是神圣的；是世俗的，又是高雅的。这里有许仙、娄阿鼠生活过的市井，也有苏轼、陆游反复吟咏、留下踪迹的山水胜景。

　　杭州传统民俗的资源和传说是非常丰富的，但因为篇幅所限和丛书的整体要求，本书只能选取有代表性，且能故事化的方面进行介绍。本书在体例上，尽量保持一个完整的框架，让读者在了解个案的基础上，有一个全貌的印象，大致上按照山水游玩、四时节庆、人生礼仪、市井百态等分为四编。原计划还有一编衣食住行，但因为字数限制，只好留待以后了。

　　因为要兼顾故事性和学术性，在写作上除了依据地方志、笔记诗文之外，还采取了部分野史杂闻、传奇小说的记载，尽量从历史资料中寻找有关这个世界的记载，揣摩其中人们的生活，讲述它的故事。既然是讲述，在忠于史料的基础上，必然也有阐释性、说理性的内容。尽量做到有故事、有人物、有段子，在好读好玩的同时，再现古人的生活习惯，展现老杭州的生活面貌。我希望我的讲述，在能介绍民俗知识的同时，也能传达出杭州传统风俗文化令人神往之处，为杭州新时代的精神文明建设贡献一分绵薄之力。

第一编

我心可寄山水间：
湖山幽赏

涛声里的觉悟

早潮才落晚潮来，一月周流六十回。

不独光阴朝复暮，杭州老去被潮催。

——白居易《潮》

最能作为老底子杭州人标志的是哪一种生活习俗呢？相比灵峰探梅、藕香看荷这些文人雅事，我更愿选万人空巷的钱江观潮。

随着历史上杭州城的迁移和扩建，西湖在杭州人生活中的地位越来越重要，钱塘江则逐渐淡出，不再那么为人们所关注。但实际上，作为杭州精神底色和文化源头的钱塘江，在杭州的历史中或隐或显，一直没有远去。读白居易的这首咏《潮》诗，我们就能体会出，杭州人的生活中，是何等地浸透着潮的声音，潮的湿度；杭州人的精神底色中，为什么总是有着潮一样的奔放，潮一样的倔强与不羁。

一、苏轼的屏风

① 宋时杭州州衙后行宫内制高点，由原吴越王府阅礼堂改建。

北宋熙宁五年（1072）八月，凤凰山上中和堂①，一身宽袍大袖的苏轼站在望海楼上，望着远处的渔舟海潮。

山风拂过楼阁，吹动着他的衣襟，又从山麓的一片松林掠过，响起一阵树木摇动的声音。隐隐约约地还从江对岸传来村人的应答声，寺院的钟鼓声。苏轼一时看出神了，没听到身后一人在叫他："子瞻兄，子瞻兄，要下雨了，我们是否回贡院？"

"啊，行甫见谅，这望海楼风景甚好，我一下子出神了。"苏轼连忙道歉。一阵凉风夹杂着寒意吹进楼内，带来一股潮湿的水汽，看来真是要下雨了。

这一年，苏轼以杭州通判身份受命主持杭州州试①，按制要求提前锁院②，他已经被关在中和堂一个多月了。行甫，名刘挚，杭州州衙佐官，也是这次州试的一名试官。两人一起住在中和堂快有一个月了，每日公事之余，登山望海，谈诗论文，已经是无话不谈的好友了。

"子瞻刚才是否又构思了一首佳作？"刘挚问道。

"在此等造化美景前面，何谈佳作啊！我刚才想到，真正的佳作总是老天爷创造的，只不过是假手于人说了出来而已。故此只想到了两句：横风吹雨入楼斜，壮观应须好句夸。"

"横风吹雨入楼斜，壮观应须好句夸。好句，好句！"

两人正说着，只听得一声响雷如裂瓦滚鼓，又见一条雨线由远而近，疾奔而来。霎时树伏叶翻，门窗震动，雨水已经从屋檐上倒注而下了。往远处江面望去，雨雾蒙蒙，江水汹涌，波涛发出一阵阵沉闷的响声，仿佛一位力大无比的巨人抱起整条大江，在摇动着，晃荡着。不久，云散雾收，风平浪静，一道阳光从云层中照下，显得河清沙白，峰峦俨然。

杭州风俗 HANG ZHOU

①宋代科举的州县考试，也称为解试。
②科举考试的一种制度。锁院期间，主司（考官）不得随便出入贡院，不得回家，不准与外界交往。

两人一时间俱都无语，看着前方的景象。过了一会，苏轼方慢慢吟道：

横风吹雨入楼斜，壮观应须好句夸。

雨过潮平江海碧，电光时掣紫金蛇。

"好！"身后突然传来一声喝彩。两人转身一看，赶忙行礼不迭，原来是知州陈襄从州衙过来看望两人了。

陈襄一边从楼梯踏级而上，一边笑呵呵地取笑着两人："昨天州衙里已经传开来你的'讴吟思归出无计，坐想蟋蟀空房语'①，众人皆说子瞻思念夫人了。"

"哈哈哈，都怨我不喜喝酒，不喜看潮，没把子瞻陪好。不过子瞻近日接连作诗，州尊这次安排，却是为钱塘江这潮水多留下几首传颂千古的好诗了。"刘挚也跟着打趣，他自己喜欢诵经坐禅，每每被苏轼取笑。

"这次来杭州前本来是下定决心不再作诗了，近来每日里看这钱塘江潮，却又觉得明白了一些事理。人生在世挫折阻碍比比皆是，但如相信自身奉行的是正道，就应该如这潮水一样，勇往直前。至于这诗，只是遇物遣兴，聊以自娱罢了，岂敢称传颂千古。"苏轼难得谦虚，见身边两人的神态，似是不相信，便又说了一句："我倒是发现了一位写钱江潮水真可以传之千古的人物。"

两人都非常吃惊，居然还另有这样的人物？苏轼也不做解释，只是带着两人走下楼梯，沿着阁内走廊往西，回到了中和堂后园。却见园中立着挺拔的石楠树，树下一块巨大的石头屏风，上面以草书写着几首诗，字迹妩媚又苍劲，正是苏轼的字体。刘挚也来不及细想苏轼是什么时候写的，仔细一看，当头一首是《酒泉子》，署

① 出自苏轼《送刘寺丞赴余姚》。

名处写的是潘阆两字。

> 长忆观潮，满郭人争江上望。来疑沧海尽成空。万面鼓声中。　弄潮儿向涛头立。手把红旗旗不湿。别来几向梦中看。梦觉尚心寒。

后面是几首绝句，却是苏轼新作，题为《望海楼晚景五绝》。三人看完，又玩味了一会儿。就听陈襄说道："子瞻连日下来，作了不少好诗啊，现在不埋怨我把你关在这里了吧？"

苏轼道："每日在这望海楼①闲坐，倒不会无聊，对这山风海潮，鸟鸣村声，可算略有体会。但诗么，我五首还比不上人家一首呢。潘逍遥此诗有唐人精神，狂逸不羁，意气高扬，真为俗人难及。"

"这位潘逍遥似乎是太宗朝人，一生功名不显，但这诗确实超迈过人，"刘挚道，"不过子瞻五首绝句写了江潮、雨电、秋风、雅客、村声，也是深有意趣，各具情韵啊。"

陈襄说："咏物之作最为难工，既要师法自然，又要笔补造化。子瞻刚来杭州，不要放弃，还可以继续写钱江潮水。"

果然被陈襄此话说中了，熙宁六年（1073），苏轼陪同太守陈襄在安济亭上再次观赏到了钱江大潮。

八月十五日，钱塘江边人山人海，万头攒动。苏轼与杭州城的一班官员文人翘首远望，等待着潮水从远处出现。似乎听到远处有人在叫来了来了，仔细听却不闻潮声，身边人的谈话声都不由得停息了。

①在杭州凤凰山上，中和堂北。

〔明〕周臣《观潮》

只见远处一条白线，在月光下缓缓移来。渐渐地潮声愈响，这条细细的白线，渐长渐粗，越移越近，转瞬间如一条巨大的白龙，横江翻腾，咆哮而来。待得经过亭前，更是声若雷鸣，涛如雪涌。潮水如千军万马扑向江岸，回落的前潮受到后续潮水的推挤，以更大的气势翻涌起来，膨胀起来，有如玉城雪岭一般撞向观景之处。人们不及奔逃，浪头已经崩塌下来，飞花碎玉似的打湿亭内的地毯。蓦然间寒意迫人，衣襟俱湿。耳畔还有余响，潮水却已经往远处奔涌而去了。

苏轼还在失神之中，却听得太守陈襄对他言道："子瞻这次眼福不浅，今年的潮头确比往年都要大，一线潮、回头潮、冲天潮，更是此处奇观。"

苏轼却不搭话，沉吟片刻，叫了一声："笔来！"

大家知道他一定是灵感来了，都拥上来观看。旁边随从早就准备好了笔墨。苏轼也不寻找宣纸，只在亭内墙壁上奋笔疾书。不一会儿，就出现了一首《八月十五日看潮》。

> 万人鼓噪慑吴侬，犹似浮江老阿童。
> 欲识潮头高几许？越山浑在浪花中。

此后不久，苏轼又作了四首观潮诗，这既是对一年前他与陈襄等人谈话的一个回应，也是对他所追慕的前人潘阆的一次致意吧。当然还有可能他存了一种比较的心理，看看自己能否写出足以媲美潘阆《酒泉子》的诗作吧。值得一提的是，二十余年后，苏轼在常州又一次想起杭州观潮，便写了一首《观潮》诗送给小儿子苏过。这首诗则烟火气尽去，正是阅尽沧桑之后的平淡，见得真谛之后的简单，颇有见山还是山，见水还是水的味道了。

二、药店老板潘阆

潘阆究竟是何许人也，能得苏轼如此推崇称许？

潘阆，字逍遥，号逍遥子，北宋初时人，性格放逸旷达，不拘俗礼。有人曾经考证，金庸武侠小说《天龙八部》里逍遥派那个神秘的祖师逍遥子，可能就是潘阆。当然这只是一种有趣的联想，但潘阆少年时确实曾拜道家高人陈抟①为师。他的好友柳开胆气不凡，勇武过人；好友张咏更是有名的剑术大师（曾只身击杀黑店匪徒数人），也曾从学于陈抟祖师。所以，如果说潘阆会武功，也并非完全没有可能。

潘阆的名字现在很少有人提及了，但在北宋年间，潘阆可绝对是个名人。他不但有性格有脾气，还爱惹事会折腾，而且有文化有才气。他是出名的隐士、被朝廷追捕的犯人、"网红"药店的老板、被追捧的明星诗人……不管是帝王将相，还是市井百姓，都知道潘阆这个名字。

据胡仔《苕溪渔隐丛话》、曾慥《类说》记载，当时的诗坛江湖上流传着一个影射四位著名诗人的诗谜："佳人伴醉索人扶，露出胸前似雪肤。走入绣纬寻不见，任他风雨满江湖。"谜底前三个分别是贾岛（假倒）、李白（里白）、罗隐，最后一个就是潘阆（翻浪）。据说诗谜是王安石所作。胡仔是南宋著名文学家，距离潘阆生活的年代不久，谜语出自王安石或许不确，但这一谜语曾在文人间流传一时，却应是事实。由此可见潘阆名气之大。

潘阆的名气与他狂放不羁的个性、惊世骇俗的言行，以及跌宕起伏的人生经历有关。其中最富有传奇色彩的是他两次卷入皇位争夺的宫廷内斗，却又脱身而走的

① 陈抟，唐末宋初道士，字图南，号扶摇子。曾隐居华山，善睡，常百余日不起。

故事。

第一次是被动卷入"秦卢案"。"秦卢案"是指发生于太宗太平兴国七年（982）春季，当时的宰相卢多逊交结秦王赵廷美并阴谋拥立廷美为帝一案。"秦卢案"的发生源于北宋皇权继承过程中埋下的隐忧，这里面有太多说不清、掰不明的事情。但它直接的起因则发端于大宋两位宰相赵普与卢多逊之间的权力斗争。赵普因为参与陈桥兵变的从龙之功，深得赵匡胤的信任；卢多逊则是官场上的后起之秀，聪明好学，博览群书，渐渐取得赵匡胤的倚重。两人之间的矛盾自然就产生了。

当时潘阆来到汴京不久，边游学边准备科举考试。他在汴京讲堂巷开了一间药铺，很快这家药店成了京城的"网红"药店。凭着他的诗文才能，加上为人豪爽，交游广阔，潘阆很快就得到了当时士林的认同。除了大名府的同乡柳开和宋白，还有王禹偁、寇准、钱易、孙何、丁谓、张咏、魏野等这些社会名流，都成了潘阆诗文唱和的好友。这些人中，寇准、丁谓后来官至宰相，王禹偁、张咏、宋白、柳开、孙何亦是北宋名臣。《逍遥集》中有载："一时若王禹偁、柳开、寇准、宋白、林逋诸人皆与赠答。盖宋人绝重之也。"[1]

就这样，潘阆经友人引荐，结识了秦王赵廷美，并担任了王府记室参军，相当于一个爬格子的秘书小官。但没等他施展才华，"秦卢案"爆发了。权力斗争中处于弱势的赵普，潜心谋划之下，来了一次绝地反击：举报卢多逊与秦王赵廷美蓄意谋反。太宗震怒。秦王被黜；卢多逊全家流放崖州；中书守当官赵白、秦府孔目官阎密等人被斩；还有一大批朝官受到牵连黜落；潘阆的好友柳开也因此案而遭缉捕。

[1]《逍遥集》为潘阆的诗集，录诗七十余首，有知不足斋丛书本存世。引文见永瑢《四库全书总目》卷一五二，清乾隆武英殿刻本。

潘阆听说卢宅被围，立即奔到邻居家，要邻居把他藏起来。说自己犯的是谋逆大罪，要是被抓住，四邻都会因知情不报而被问罪杀头。"我一个人死不足惜，可怜你家和其他邻居数十人的性命啊。"并说灯下黑最安全，"他们以为我逃远了，不会在近处搜寻的。但我一出门就可能被抓，你们看怎么办呢"？

把威胁说得如此动听，潘阆的脸皮也是够厚的。邻居没法子，只好把他藏进夹墙里。不一会儿，巡捕蜂拥而至，但果然没找到潘阆。等风头稍微过去以后，潘阆剃了须发，穿上僧袍，手持佛磬，五更时分化装出了宜秋门，又扮成箍桶匠逃到朋友阮思道家中。阮思道假装不识，只让下人领潘阆在庭中箍桶，自己拿了三锾（一锾为六两）钱放在桌案上，乘马出门去了。潘阆假装做着箍桶匠应该做的事情，等到四下无人，拿了钱就逃走了。

第二次是卷入王继恩案。王继恩是宋太祖时的大宦官，太祖驾崩当晚，皇后派王继恩去传唤四子赵德芳。王继恩立即出宫，但没去找赵德芳，而是直接来到了晋王赵光义家中。这一次投机为赵光义取得皇位立下关键一功，王继恩由此进一步巩固了自身的政治地位。宋太宗去世时，王继恩想再立一次从龙之功——联合李皇后，密谋废弃太子元侃[1]，拥立新君。据说计谋就是重返汴京卖药的潘阆献上的，[2]但这次政变还没正式发动，就胎死腹中了。王继恩、李昌龄、胡旦[3]三人付出了生命代价，而始作俑者潘阆却再一次逃脱，亡命江湖卖药去了。这之后的剧情虽然非常精彩，但与观潮关系不大，就不再赘述了。

潘阆到杭州看潮，发生在第一次逃亡期间。太平兴国八年（983），逃离京城后，潘阆在江苏、浙江之间浪

①即宋真宗，初名德昌，后改名元休、元侃，被立为太子后，又改名赵恒。
②参见李焘《续资治通鉴长编》卷四一，文渊阁四库全书本。
③李昌龄，北宋权臣，官至参知政事；胡旦，太平兴国三年状元，官至吏部侍郎。

宋太宗赵光义立像轴

宋代商船

迹隐遁了一段时间，好在"秦卢案"风波很快过去了，宋太宗没有就此扩大打击面。潘阆便继续开始了他的卖药生涯。

正是阳春三月，潘阆发了一船药材由水路从苏州去杭州，路上听到一个好消息，遭缉捕的柳开官复原职，将赴润州（今江苏镇江）就任。潘阆心里既高兴又复杂，政治风波之下，短短一年恍如隔世，与昔日好友恐怕从此天涯歧途，不能再如往日那样相伴赋诗了。[①]

就在这年秋天，潘阆来到杭州，观看了闻名天下的钱江大潮，写下被后来人奉为观潮诗圭臬的《酒泉子》，也从此与这个城市结下了不解之缘。此后，潘阆在杭州定居了二十多年，甚至死后还留下遗言让挚友把他的遗骸埋葬在杭州山水之间。

①潘阆诗《舟中自吴之越寄润州柳侍御开杨博士迈》叙及此事。

长忆观潮，满郭人争江上望。来疑沧海尽成空。

万面鼓声中。　　弄潮儿向涛头立。手把红旗旗不湿。别来几向梦中看。梦觉尚心寒。

这首词不管是写万头攒动的看潮情景，还是写倾山倒海的大江潮涌，都有声有色，声容俱壮。尤其是对弄潮儿搏击风浪、履险如夷身姿风貌的特写刻画，更是令人叹为观止。

这首词刚写出来不久，就有很多人认识到了它的艺术成就，并给予高度评价，潘阆由此奠定了在北宋诗坛的地位。宋代刘攽在《中山诗话》中评价说："潘阆字

〔清〕袁江《观潮图》

逍遥，诗有唐人风格……仆以为不减刘长卿。"刘长卿被人誉为中唐的"五言长城"，可见潘阆在刘攽心目中地位之高。苏轼把他与东晋的大诗人陶渊明相提并论："陶潜自作五柳传，潘阆画入三峰图。"[1]对潘阆的生活和隐逸做派表达了无限的向往。

最有意思的是一位杭州人，即太子中舍、萧山知县李允的反应。他读到这首词后，为表示自己的钦佩，画了一幅《潘阆咏潮图》，并请朋友罗处约写序、王禹偁作赞。王禹偁当时正生病，心力不足没有写成。过了几日，他疾病稍愈，拿出图观看，细细品读画上的诗句，不禁连连赞叹"绝唱"："处士之句绝唱也，李公之画好事也，罗君之序乐善也！"不由得拿出笔来，先作了一篇长序来叙述此事经过，又挥笔写下了《潘阆咏潮图赞》。在序文中，他不但记叙了潘阆的主要人生经历，"天生潘阆，以诗为名"，"钱塘、会稽，卖药自给"，为我们留下了难得的潘阆史料；还分析了潘阆的诗歌风格，高度评价了他的诗歌成就。他把潘阆诗词风格与贾岛、孟浩然进行比较，赞扬潘阆的为人和诗歌："使穷辱之士弥光，风雅之道不坠。清气未尽，奇人继生，处士潘阆得之矣。"[2]他认为潘阆处身草根之间，但继承了伟大的诗歌传统，这是因为大宋朝的清气没有消磨殆尽，所以诞生了潘阆这位奇人。评价可谓高矣。

潘阆的《酒泉子》仿佛是一个文化隐喻，承载着我们对钱江潮的体验，对钱江潮的认识，对钱江潮的情感。宋以后描写钱江潮的诗文，基本上都能找出潘阆诗歌的影子。现在，"勇立潮头"更是成为所有浙江人的一种文化标志和精神基因了。

[1]〔宋〕苏轼《李杞寺丞见和前篇复用元韵答之》，指有人把潘阆倒骑驴经过华山的样子画成了图。
[2]〔宋〕王禹偁《小蓄外集》，《四部丛刊》本，商务印书馆，1936年，卷十。

三、浪里白条与弄潮儿

潘阆和苏轼的诗中都特意写到杭州的弄潮儿，古时弄潮儿的身手到底有多么高超呢？我们可以从《水浒传》对"浪里白条"张顺的描写中，稍窥一二。

《水浒传》第三十八回《及时雨会神行太保　黑旋风斗浪里白条》，写到李逵初见宋江，与戴宗三人在一个酒肆喝酒，宋江忽然想要吃辣鱼汤，李逵就自告奋勇去江边讨鲜鱼，结果与张顺产生争执。李逵力气大，把张顺打了一顿，然后张顺用激将法把李逵引诱到了自己的主场——水面上来，把李逵好好收拾了一顿。李逵头被揿到水里几十遭，"浸得眼白"，如果不是宋江和戴宗插手，估计李逵被淹死的可能都有。

此一战，张顺显示了高超的水中本领。直到宋江拿出张横的书信拉上关系之后，张顺才放手，把李逵从湖中带了出来。书中有段文字描写张顺的动作：

> 张顺再跳下水里，赴将开去。李逵正在江里探头探脑价挣扎泼水，张顺早泼到分际，带住了李逵一只手，自把两条腿踏着水浪，如行平地，那水浸不过他肚皮，淹着脐下，摆了一只手，直托李逵上岸来。江边看的人个个喝彩。宋江看得呆了。[1]

张顺这个"踏着水浪"的动作是杭州弄潮儿的招牌技能。弄潮儿要手中举着彩旗，迎浪而上，保持彩旗不湿，才算本领。在动辄数米甚至十多米高的钱江浪潮中，光迎浪而上就不容易了，还要保持旗尾不湿，实在是令人不敢相信。看了《水浒传》中的这段描写，我们就能大致明白了杭州弄潮儿的本领。按照李逵的块头，他估计要超过二百斤重了。张顺能够托着这么重的一个大块

①〔明〕施耐庵、罗贯中：《水浒传》，中华书局，2005年，第344页。

鲁智深六和塔闻潮　出自〔明〕刘君裕版画《忠义水浒传》

头，凭两腿踩水，就能踏着水浪而行，而水浸不过肚皮，只够着脐下，上半身几乎都可以露在水面之上。也只有这样的水上本领，才能做出传说中杭州弄潮儿的高难动作吧。

《水浒传》中张顺是江州（今江西九江）人氏，征方腊时战死于杭州涌金门。现在有学者认为，施耐庵写《水浒传》，不少场景其实就是以杭州作为参考的。因此，我们拿张顺与杭州弄潮儿做一个比较似乎也不算离谱。从历史资料来看，弄潮儿中有不少类似张顺这样的人。宋周密《武林旧事》记载了几位弄潮的民间高手——哑八、谢棒杀、画牛儿、僧儿，差不多就是像张顺一样处在社会底层，靠自身水上本领混生活、过日子的身份。

弄潮盛行于宋代，但有学者考证，实际上，唐朝时就已有弄潮的行为。如唐白居易在《白氏长庆集》中就提到："余杭风俗……每岁八月，迎涛弄水者，悉举旗帜焉。"[1]这与后来的手举彩旗弄潮的记载基本接近了。唐代名相李吉甫编撰的《元和郡县图志》，也记载了杭州人弄潮的热闹场面。每年八月十八日，看潮的男女老少连绵数百里，一起观看舟子渔人卖弄本领，溯涛触浪，并已经有了弄潮的说法。

到了宋代，这种弄潮之风更加盛行。弄潮之人往往提前一个月就开始准备，在繁华街道上竖立旗帜，上面写着自己的名字来做宣传，有点像金庸小说中的比武招亲。杭州市井之间，各色人等，会拿出银子作为彩头，在八月十五那天，于江边搭起帐篷，边喝酒边看弄潮儿表演。看谁冲上的浪头高，按照排名给予不同的彩银。这已经有一点商业演出的感觉了。

而弄潮儿则要手举大彩旗或者小清凉伞，旗杆上系

①〔唐〕白居易：《白居易集》卷二十三《重题别东楼》，中华书局，1979年，第514页。

彩色绸缎，等到潮水来的时候，上百人一起跳入江水中弄潮。不但要迎着潮头而上，还要做出各种复杂动作，并保持旗尾不被潮水沾湿。有的人据说能够连手带脚一共拿着五面旗帜弄潮，这个难度真的是非常高的。《武林旧事》很具体地记载了弄潮的场景：

> 吴儿善泅者数百，皆披发文身，手持十幅大彩旗，争先鼓勇，溯迎而上，出没于鲸波万仞中，腾身百变，而旗尾略不沾湿，以此夸能。而豪民贵宦，争赏银彩。

宋人吴儆《钱塘观潮记》的描写更加详细：

> 弄潮之人，解衣露体，各执其物，搴旗张盖，吹笛鸣钲，若无所挟持，徒手而附者，以次成列。……有一跃而登，出乎众人之上者；有随波逐流，与之上下者。潮退策勋。一跃而登，出乎众人之上者，率常醉饱自得，且厚持金帛以归，志气扬扬，市井之人甚宠善之；其随波上下者，亦以次受金帛饮食之赏。[1]

从这段话里我们能看出弄潮的大概情况。大潮涌来之时，弄潮儿需要逆潮而上，有的人能出乎大家意料，一跃登上潮头，有的被浪涛冲倒，只能随波逐流。最后就是按照跃上潮头的高低来定出名次。这是一场群众性的狂欢活动，表现勇敢的弄潮儿，不但会获得丰厚的奖金，而且还能获得大家的钦佩，这是很有面子的事情；没有取得好名次的人，也会得到金帛饮食等奖励。

杭州人为什么会形成这样一种"勇立潮头"的民间运动呢？有学者认为这可能是一种祭祀仪式，类似于后世常见的上刀山、过火地一类的绝技，以显示神灵的伟力，后来慢慢演变成一种竞技表演。[2]此观点从民俗演变角度

①〔宋〕吴儆:《钱塘观潮记》，见《西湖文献集成》第14册，杭州出版社，2004年，第55页。
②顾希佳:《钱塘江风俗》，杭州出版社，2013年，第11页。

岁时风俗相传久

HANG ZHOU

还缺乏具体的证据，但作为一种猜想，还是能得到史料的印证的。宋人吴自牧《梦粱录》卷四记载钱塘江的弄潮风俗起源于迎接潮神伍子胥："其杭人有一等无赖不惜性命之徒……执旗泅水上，以迓子胥弄潮之戏，或有手脚执五小旗浮潮头而戏弄。"

苏轼在一首诗中说到，弄潮儿为了博取一点官宦贵人的赏银，在深渊骇浪之间嬉戏，往往不顾性命，争先鼓勇，表演惊险节目，有时候甚至会有小儿与老人参与其间。[1]场面的惊险让一向爱热闹的苏轼先生都觉得担心了，祈求海神发发好心，索性把大海变成桑田算了。这种担心并非诗人的虚构，江水无情，潮水更是凶险万分，每年总有不少人因弄潮而被淹死。因此，弄潮曾一度被官府禁止。如蔡襄[2]任杭州知府时就颁布了《杭州戒弄潮文》，禁止所有军人和百姓在观潮的时候参与弄潮活动，有违反的一律予以处罚。这种来自官方的禁令，虽出自好意，但任何一项富有文化土壤的民间活动，单靠禁止是很难生效的。钱江弄潮在北宋时几经禁止，但都禁而不绝，到南宋时反而越加盛行了。

四、一次与潮有关的斗诗活动

观潮的这种盛况甚至影响到了当时的外交工作。宋高宗绍兴三十一年（1161），宋钦宗病死在五国城。完颜亮[3]秘不报丧，只令枢密院签书高景山、右司员外郎王全到宋朝祝贺天中节（端午节）。完颜亮性格暴戾，对内靠血腥屠杀夺取王位，对外更是想撕毁和议，挑起战争。所以这次出使还带有寻找战争机会的任务。临出发前，完颜亮对两人面授机宜，见到宋高宗赵构就指责他的过错，索要淮汉之地。

南宋君臣对这次外交接待非常重视，事先专门分析

①见苏轼《咏中秋观夜潮》一诗。
②北宋名臣，书法家、文学家、茶学家，治平二年（1065），以端明殿学士出知杭州。
③金朝第四位皇帝，金太祖完颜阿骨打之孙。

研究了应对措施。想到什么对策呢？写诗。用诗词让金人明白中原王朝的文化底蕴，放弃战争这一手段。

这次外交的文化较量，冯梦龙在《警世通言》卷二十三中有一段艺术化的讲述：

> 当八月中秋过了，又到十八潮生日，就城外江边浙江亭子上，搭彩铺毡，大排筵宴，款待使臣观潮。陪宴官非止一员。都统司领着水军，乘战舰，于水面往来，施放五色烟火炮。豪家贵戚，沿江搭缚彩幕，绵亘三十余里，照江如铺锦相似。市井弄水者，共有数百人，蹈浪争雄，出没游戏。有蹈滚木，水傀儡，诸般伎艺……北朝使臣高景山见了，毛发皆耸，嗟叹不已，果然奇观。

斗诗就发生在这样的背景之下。宋朝范学士见高景山为钱江潮水所吸引，就乘机提议，当此美景岂可无诗？不等高景山谦让，旁边早有人献上文房四宝来。幸亏那高景山肚中还有点货色，就作了一首《念奴娇》，词中有这样的句子："万马奔天，群鹅扑地，汹涌飞烟雪。"把钱江潮水比作奔腾的众马、雪白的鹅群。

一时满座皆赞，叹为奇才。只有那范学士继续按照剧本表演，说道："相公词作得甚好，只可惜用'万马奔天，群鹅扑地'，还不足以表现潮水的气势。"高景山不由得问道："要怎样比喻才行呢？"

范学士就起身，作了一首《水调歌头》：

> 登临眺东渚，始觉太虚宽。海天相接，潮生万里一毫端。滔滔怒生雄势，宛胜玉龙戏水，尽出没波间。雪浪番云脚，波卷水晶寒。　扫方涛，卷圆峤，大

洋番。天垂银汉，壮观江北与江南。借问子胥何在？博望乘槎仙去，知是几时还？上界银河窄，流泻到人间！

把钱江潮水喻作翻江倒海的玉龙、倾泻到人间的银河，想象确实更为奇特雄伟，高景山不得不表示佩服。这当然是小说家言，不足为信。历史上高景山是一位起武夫，并非文雅之士。不过对后世的小说家或者民间百姓而言，这样一场借钱江大潮进行的诗歌较量，更为合乎他们的期待吧。

但历史上确有一次南宋王朝招待金国来使观看潮水之事。时间跟《警世通言》中的故事相差一年，发生在绍兴三十二年（1162）。金主完颜雍派遣元帅府左监高忠建、礼部侍郎张景仁至宋，通告其登临大位。一年之差，金国皇帝已经换了新人。实在是因为这一年，宋金两国都发生了不少大事。

绍兴三十一年（1161），即故事里高景山杭州比诗之后不久，完颜亮起兵六十万，号称百万，南渡伐宋。趁完颜亮渡过淮河之际，完颜雍发动"东京政变"，金将完颜福寿、完颜谋沍等人拥完颜雍为帝，改元"大定"。而完颜亮在镇江遇到了宋军的顽强抵抗，军事上接连失利，手下将士不忍其暴行，把他杀死在军营之中。完颜雍立刻趋入燕京，真正在政治上继承了金国的权力。完颜雍，即后世大名鼎鼎的金世宗。

且说闻听金使高忠建将来临安，高宗下诏外交部门制定了包括去浙江亭①观潮、天竺寺烧香在内的详细接待方案，要求以后的接待就按照这个安排参照施行。《武林旧事》卷八"人使到阙"，对此有具体的记载。总之是少不了各种赏赐，各种招待。自到阙至朝辞，密赐大

① 即樟亭驿，位于钱塘县旧治南五里，今江干跨浦桥南江岸。

使银一千四百两，副使八百八十两，衣各三袭，金带各三条，还有其他茶叶、丝绸、马匹等。至于游玩的接待安排，就有钱塘江看潮的项目：

> 三日，客省签赐酒食，禁中赐酒果，遂赴浙江亭观潮，酒七行。四日，赴玉津园燕射，命善射者假官伴之，赐弓矢、酒行。乐作，伴射与大使射弓，馆伴与副使射弩，酒五行。

可见，冯梦龙在《警世通言》中的故事也不算完全背离历史的虚构，只不过历史上接待人员与金朝来使不是比作诗，而是射箭，南宋朝廷怕输得太难看，还专门找了善于射箭的人，临时授予官职，陪同大使射箭。南宋王朝在浙江亭招待外邦来使是一个经常性的通例。一来这确实是杭州特有的自然风光，尤其方便招待来自北国的来宾；其次可能有军事上的考虑，展示南方的山川地利，长江天险并不容易攻破，同时也借机展示江南水师的雄姿。

在这种考虑下，南宋的观潮活动往往隆重无比。每到观潮之日，朝廷水师乘机举行水军演习，杭州百姓倾城而出，观看这场家门口的"阅兵"。钱塘江北岸，江干一带，搭起彩棚，焕然一新。平时深居简出的皇帝车驾，也来到地势较高的凤凰山禁中殿庭，坐在黄伞雉扇之下，居高临下，骋目远望，以待潮来。宋朝的皇帝是很有艺术修养的，把凤凰山的这处观潮台称为"天开图画"，高居山巅云端，俯视江潮人群，真是神仙一般的逍遥。周密在《武林旧事》中记载过"京尹"在浙江亭"教阅水军"的演习场面：

> 艨艟数百，分列两岸，既而尽奔腾分合五阵之势，并有乘骑弄旗标枪舞刀于水面者，如履平地。倏尔黄

烟四起，人物略不相睹，水爆轰震，声如崩山。烟消波静，则一舸无迹，仅有敌船为火所焚，随波而逝。

从这段记载可以看出，南宋的水军已经非常先进了。数百主力舰不但能灵活地形成各种阵型，士兵还能在水面上做各种战斗表演动作。除此之外，还有战略性的武器——火炮水雷，给敌船以毁灭性的打击，整个场面简直像一部战争片的场景。水师检阅之事后，接着就在东青门①外的海神坛祭拜"潮神"，祈求神灵保佑风调雨顺，国泰民安。

《武林旧事》还非常详细地记载了一次孝宗陪太上皇高宗赵构看潮的过程。修内司②在浙江亭两旁搭建棚屋五十间，外面蒙上彩色绸缎作幕帘，作为观看场所。事先安排好澉浦、金山都统司水军五千人到达钱塘江，又命殿司新刺防江水军和临安府水军两支水师部队一起阅试，从西兴到龙山两岸，摆满近千只军船。江边挤满了游人，看棚彩幕绵延二十多里，路上车水马龙，造成了严重的交通拥堵。除了弄潮儿踏浪争雄，还有踏混木、水傀儡、水百戏、撮弄等各种民间杂技百戏表演，皇帝都给予了赏赐。这些场面与冯梦龙在《警世通言》中所讲的基本一致。

在南宋朝廷的推动下，杭州观潮活动已经成为一种综合性的节日庆典。从阴历八月十一日至二十日，整整十天，持续时间之长，百姓兴趣之浓，几近春节。活动的热闹还带动了杭州餐饮服务业的发展，《武林旧事》中就提到"饮食百物皆倍穿常时，而僦赁看幕，虽席地不容间也"。

钱江潮水超自然般的威力，让古代的杭州人把它与神灵的力量联系起来，发展出各种民间信仰和丰富多彩

①即庆春门，原名东青门，又称菜市门。
②属将作监，负责宫殿、太庙等修缮事务的部门。

的祭潮仪式。每年农历二月初七到初九，在萧山闻堰镇黄山村都要举行潮神庙会，进行"祝福"祭祀活动，纪念黄山和西南两位修过海塘的治水英雄。祝福习俗为钱塘江南岸所独有，绍兴一带尤为隆重。在有的地方，这种奉潮神的仪式还演变成了年节祈福仪式，如"西兴祝福"，更是融入了百姓的日常生活，延续至今。每年三月初六"张老相公"生日以及八月十八大潮日，钱塘江南岸的百姓汇集到各处的张神庙祭祀祈福，演戏三天，各地都有自己的节目，诸如抬阁、高跳、竹马、花灯、锣鼓、秧歌等，迎神赛会热闹非凡，可见潮神信仰影响力之大。

一个湖的热闹与繁华

看西湖有几种方式？

这个问题，恐怕那些对西湖熟悉无比的老杭州，也不一定能说得出来。然而有一个人能够说得上来。他从古人看书的方法里，总结出三个时间，三种看西湖的不同"攻略"，非常有意思，值得抄录一下：

> 善读书，无过董遇三余，而善游湖者，亦无过董遇三余。董遇曰："冬者，岁之余也；夜者，日之余也；雨者，月之余也。"雪巘古梅，何逊烟堤高柳；夜月空明，何逊朝花绰约；雨色空蒙，何逊晴光滟潋。深情领略，是在解人。

意思是说最好的读书时间，无过于董遇①说的"三余"；最好的游玩西湖的时间，也无过于董遇说的"三余"。这"三余"是指冬天、夜晚、下雨天三个时间。

这个人就是张岱。他写的《西湖梦寻》《陶庵梦忆》是关于西湖的最好的叙述文字，既有清新洒脱的笔法，又有深厚苍凉的意境。这段话就出自《西湖梦寻》的第一卷《西湖总记》。

①董遇，三国名儒，好读书，曾说过："读书百遍，其义自见。"

029

张岱像

很明显，这是一种"高冷"的格调，寂寞的风情。

张岱还说过一番话：西湖就像一位"曲中名妓"，虽然"声色俱丽"，但人人都可以艳羡她，人人都可以亲近她，所以人人都可以轻慢她。但其实这位"名妓"既有艳丽热闹的一面，也有高洁寂寞的一面。而人们总是容易看到西湖俗艳热闹的一面，能体会西湖寂寞空灵的人却很少。要真正领略到西湖内在的美，需要一颗能够理解她的心灵。

他还说到，哪怕是"湖上四贤"这样的高人，在理解西湖上也有高下之分。苏东坡、林和靖，就比白乐天、李泌要高明。其余像贾似道这样的权贵，孙隆这样的有钱人，虽然在西湖数十年，花费了几十万的金钱，但对西湖的性情、西湖的风味，却一点也没有体会到。至于世上那些"穷措大"①，哪里谈得上游湖呢，他们只不过是从西湖上经过而已。

写完《西湖梦寻》的时候，张岱七十五岁，前后在西湖附近已经盘桓居住了四十余年。他的这些话，正像

①旧指贫寒失意的读书人。

他这个人一样，在傲物玩世的诙谐背后，隐藏着的是对西湖山水的一往情深，对人生无住的无限悲凉。西湖对他来说，不仅仅是一个可以游玩遣怀的地方，而更像是一位相知颇深、能够互倾心曲的人生知己。所以，他在书中不但彻底否定了贾似道、孙隆这些豪门权贵对西湖的占有，也讽刺了那些俗人在西湖上附庸风雅的行为。

张岱对西湖的理解自然是深刻的。但有时候，"穷措大"游西湖也会有不一样的乐趣。

一、马二先生游西湖

《儒林外史》中的马二先生就是一个"措大"。

马二先生名马静，字纯上，处州（今浙江丽水）人，因屡试不举，以选书为生——为杭州的一家书店编撰点评科举文章，赚到了一点小钱，但总体上还是属于"措大"阶层。

马二先生在小说中的第十三回出场，当时他正在为一家书店选编《历科墨卷持运》（一部类似于《历届高考满分作文技巧》之类的书）。因为一下子也没什么文章要选，他只好腰里带了几个钱，想到西湖边去走走。马二先生从钱塘门出发，经苏堤六桥，转向雷峰塔、净慈寺，然后从清波门回到住处，整整游玩了一天时间。

这个情节，作者整整写了一回。鲁迅先生在《中国小说史略》中评《儒林外史》的时候，不厌其烦地把这段内容几乎又抄录了一遍。可见鲁迅也是非常喜欢这段内容的。

在西湖边，马二先生看到了一些什么呢？

〔元〕佚名《莲舟新月图》

通过马二先生的眼睛，我们看到了两样东西：小吃和女人。这两样东西中，相比较而言，马二先生可能更在意吃的东西。因为他游湖的时候，没有吃饱肚子，他的眼睛很容易就会被那些美味的食物所吸引。

望着湖沿上接连着几个酒店，挂着透肥的羊肉，柜台上盘子里盛着滚热的蹄子、海参、糟鸭、鲜鱼，锅里煮着馄饨，蒸笼上蒸着极大的馒头。

马二先生没有钱买这些，只好咽着唾沫，花十六个钱，在一家面店吃了一碗面。肚里不饱，又走到隔壁一个茶室吃了一碗茶，买了两个钱的笋干片嚼嚼，倒觉得有些滋味。

在净慈寺，他大概跑了不少路，肚子又有一点饿了，便进了一个茶亭喝茶。又注意到茶亭柜子上摆着的许多碟子，盛着些橘饼、芝麻糖、粽子、烧饼、处片①、黑枣、煮栗子等。马二先生每样买了几钱，不论好歹，吃了当晚饭了。

除了小吃，还有女人。出钱塘门不远，在西湖沿上牌楼跟前，马二先生看到一船一船来烧香的乡下妇人：

都梳着挑鬌头，也有穿蓝的，也有穿青绿衣裳的，年纪小的都穿些红绸单裙子。也有模样生的好些的，都是一个大团白脸，两个大高颧骨；也有许多疤、麻、疥、癞的。一顿饭时，就来了有五六船。那些女人后

①旧称处州（今浙江丽水一带）出产的笋片、笋干。

六桥烟柳

《六桥烟柳》 出自明代《海内奇观》

面都跟着自己的汉子，掮着一把伞，手里拿着一个衣包，上了岸，散往各庙里去了。

吃完面，解决了口腹的问题后，他看到了柳荫下两只船里的女客：

　　那船上女客在那里换衣裳，一个脱去元（玄）色外套，换了一件水田披风；一个脱去天青外套，换了一件玉色绣的八团衣服；一个中年的脱去宝蓝缎衫，换了一件天青缎二色金的绣衫。那些跟从的女客，十几个人也都换了衣裳。这三位女客，一位跟前一个丫鬟，手持黑纱团香扇替他遮着日头，缓步上岸，那头上珍珠的白光，直射多远，裙上环佩叮叮当当的响。

这明显是富贵人家的女人，马二先生在远处看得仔细，走到近旁却又不敢看，低着头走了过去。

在净慈寺山门外，他看到的是另一个层次的女人，家境富裕，但不如前文那富贵人家的女客打扮讲究，"成群逐队，里里外外，来往不绝，都穿的是锦绣衣服，风吹起来，身上的香一阵阵的扑人鼻子"。

马二先生这个时候胆子就比较大，腆着个肚子，穿着一双厚底破靴，横着身子乱跑，只管在人窝子里撞。女人也不看他，他也不看女人。女人不看他，是小人物的正常待遇；他不看女人，则是"措大"身上的一点虚假面子了。

马二先生游西湖，还发生了两出有趣的"插曲"。一出是他在吴山丁仙祠求签问发财机会，结果遇到了假神仙"洪憨仙"；另一出是在城隍山，遇见了摆摊测字的少年书生匡超人，得知匡超人是因缺少盘缠而流落在外，遂慷慨赠送了他十两银子。当然，这就是题外话了。

《儒林外史》以一个典型"措大"的非典型视角，对游览西湖的风俗进行了一次非常有趣的描写。在马二先生的眼里，西湖边只有食、色，没有风景。所以鲁迅先生说马二先生："西湖之游，虽全无会心，颇杀风景，而茫茫然大嚼而归，迂腐之本色固在。"①

但天下山水，历来"措大"有"措大"的视角，雅人有雅人的体会，并不矛盾。马二先生的西湖游，还是为我们展示了一幅风光旖旎的西湖世俗风情画，游人如织，小吃遍地，在山水妩媚的自然风光之外，别有一番风物繁华。

游人大多数是来杭州烧香的香客。马二先生在西湖上牌楼看到的坐船的乡下妇人，就是香客里面的一大种类——下山香客，参加的是"下乡香市"；在净慈寺门前碰到的应该是杭州本地的香客，她们主要参加"天竺

旧时西湖香市的比丘僧、香客

①鲁迅：《中国小说史略》，上海古籍出版社，1998年，第157页。

香市"。清代范祖述《杭俗遗风》中对西湖的香市和香客有非常详细的记载。

所谓"下乡"者，是杭州人对江苏和嘉、湖一带乡民的称呼。这一带的乡下人以养蚕为业，过年之后到二月初，正好是农闲时节，往往就一乡一村，结伙成队，乘坐小船来杭州烧香祈愿。旧时，他们的船就停泊在松木场、拱宸桥一带，多的时候达上千只。那时候杭州也没那么多旅馆客栈，进了城，有亲友的找亲友住宿；没亲友但有钱的，借住在寺庙客堂里；既没亲友又没钱的，就以船为家，自带糕粽为食。

古代出趟远门不容易，这些乡村男女积攒了一年甚至好几年的心愿，为了向自己心头认定的寺庙菩萨进香，为了家里大大小小的亲人，甚至家里养的几只鸡几只鸭，都要在佛前许个愿，求个平安。他们会在杭州待上一段日子，把平时听说比较灵验的大寺小庙都去拜个遍。有的人要在杭州一直待到春蚕孵出，农忙开始，才回去忙家里的事情。

人流代表的就是生意和财富，这个道理古代的杭州人照样是明白的。所以，这个时候，昭庆寺（今少年宫）一带可就热闹了。前前后后，大街小巷，摩肩擦背，都是香客。各行各业，地摊行贩，也都赶到这里来了。昭庆寺的山门内外，甬道上下，水池左右，两边走廊，都摆满了地摊厂棚。从女人用的胭脂簪珥到糕点果品，再到牙尺剪刀这些日常百货，甚至和尚的木鱼佛经、小伢儿的玩具，应有尽有。

这时候，不但寺院生意繁忙，就是路边的乞丐，也是天天"上班"。一个香市讨得的钱，足够供他们一年的生活。因此杭州一些庙观的和尚道士，都会把衣钵传给自己嫡系的弟子徒孙,外人是挤不进去的。就算在路边乞讨的乞丐,也都有他们各自固定的乞讨班次和位置。可见香市的热闹与繁华。

据《杭俗遗风》记载,除了"下乡香市",还有"天竺香市"和"三山香市"。其中以"天竺香市"为最早。旧时,观音信仰在杭州民间影响非常大。因农历二月十九日为观音圣诞,故二月十八日晚上,杭州城的文武百官,从抚台到芝麻小官,都会亲自上天竺寺上香。老百姓们为了参加法会,也会连夜赶往寺院。这一天晚上,就会看到杭城一大奇观,茅家埠一带一路夜灯通明,络绎不绝直到灵隐的寺庙。

"三山香市",三山指的是天竺山、小和山、法华山。天竺山有天竺三寺。小和山供奉玄天上帝(真武大帝),有三月三圣诞。法华山供奉东岳大帝,七月有"东岳朝审"庙会。后二者是道教的神灵,在古时江浙一带信众颇多。在三月圣诞前后,信众们有的几十人,有的百多人,组成一个个"香会",他们肩挂黄香袋,腰系红带,头裹白巾,结伙而行,要在一天之内,来回百余里,烧遍三山之香,名叫"翻三山"。[①]

张岱对"西湖香市"说过一段很有意思的话:

> 而此以香客杂来,光景又别。士女闲都,不胜其村妆野妇之乔画;芳兰芗泽,不胜其合香芫荽之薰蒸;丝竹管弦,不胜其摇鼓欣笙之聒帐;鼎彝光怪,不胜其泥人竹马之行情;宋元名画,不胜其湖景佛图之纸贵。

他把杭州城里人的风雅,与赶香市的乡下人的粗俗做了对比。最终村姑乡妇的装扮胜过了士女的风雅,兰

①顾希佳:《西湖风俗》,杭州出版社,2004年,第166页。

〔清〕金农《花塘长亭图》

花芳草的幽香不如野花香菜的浓烈，丝竹管弦的悠远不如打鼓吹笙的热闹，贵重精致的室内陈设不如简陋的泥人竹马受欢迎，宋元名画不如西湖风景图和佛祖菩萨的画像珍贵。由此而看，一贯坚持风雅品位的张岱，其实并不排斥市井世俗的热闹，反而对这股来自民间的蓬勃生机持有一种赞叹欣赏的态度。

　　关于西湖游赏，有人认为，西湖排场太大，妆饰太精，容易让人产生一种疏离感，游得再多，也不能在心中感到真切起来。[1]但我们看到，马二先生游西湖，是多么真切啊。小店里大馒头的吸引，游船上女人的诱惑，发乎情，止乎礼，真实可见。他的西湖游，虽然缺乏对西湖山水的高雅体会，但并不缺少一个底层知识分子对民间风俗的真实体验。

①余秋雨：《西湖梦》，见孙晔《杭州：烟柳画桥中的写意时光》，北方文艺出版社，2016年。

二、皇帝"春游"的日子

自称从小喝西湖水长大的曹聚仁先生，在《湖上杂忆》一文中写出了类似的感觉。一次他陪朋友游览西湖的时候，突然发现现在的湖上游程，就是《白蛇传》中许仙的行程：从苏堤（大概是茅家埠）乘船，过三潭印月，到涌金门。这一线，可说是西湖最古老的路程，从唐、五代、宋至今，杭州人就是这么走过来的。帝王将相、名士前贤、神仙妖怪，原来距离我们这么近，这么寻常。

先来读一首《风入松》词：

> 一春长费买花钱，日日醉湖边。玉骢惯识西湖路，骄嘶过、沽酒楼前。红杏香中箫鼓，绿杨影里秋千。
> 暖风十里丽人天，花压鬓云偏。画船载取春归去，余情付、湖水湖烟。明日重携残酒，来寻陌上花钿。[①]

这词中所写像不像是马二先生在西湖边的见闻？

这是一幅典型的春日游湖图：白堤绿杨，画船湖烟，游人如织，美女如云，抑扬的箫鼓，摇荡的秋千，风雅浪士醉倒在和暖的春风之中。但转眼间船去响残，只留一地落花，还有美人遗落的花钿。

这首词有面对美景及时行乐的放纵和珍惜，也有对年华易逝的叹息和无奈。香艳绮丽，情浓而近雅。看起来比马二先生要惬意多了，不但有钱买醉，还有骏马美人相伴。不像马二先生不敢抬头看美女，肚子饿了也只能吃十几个钱的面条充饥。

有人就认为这首词像是马二先生写的。他说，词是写得不错，但最后两句还是有穷酸气。最后两句是："明

①〔明〕周清原：《西湖二集》，人民文学出版社，1989年，第31页。

古代梅花形花钿妆容

日重携残酒，来寻陌上花钿。"意思是今天玩得高兴了，明天还要带着喝剩的黄酒，来这里寻找遗落的花钿。

这里提到的花钿，是古时候妇女额头上的一种花饰，因是贴在脸上，所以容易掉落。喝剩的残酒还不舍得扔，还要带回来第二天喝，这不是穷酸是什么？

这个故事在很多史料里都有记载，宋人周密的《武林旧事》、明人周清原的《西湖二集》里，都可以找到。

写这首词的人是俞国宝，汤显祖的老乡，江西抚州临川人。他这时候还是在杭州读书的太学生，没有谋职，当然是穷的。评这首词的人是宋高宗，他这时候是退休享受生活的太上皇，对物质与金钱的感受与一个穷学生自然是不一样的。

词写于淳熙年间（1174—1189），当时宋金在签订"隆兴和议"后，已有近三十年的和平了。暂时的和平麻痹了人们的意志，西湖山水为南宋上流社会提供了醉生梦死的场所。宋高宗退位之后，更是名正言顺地过起了奢靡生活，日日游乐于西湖之上。值得肯定是，宋高宗还是挺亲民的，出游的时候，对那些游览观赏、做买卖的人，都不禁绝。

这首词就是一次他乘坐御舟经过断桥，在一个酒肆的屏风上看见的。据说当时赵构再三吟哦，大为欣赏，并向酒保打听此词是何人所作。听说是一位在读太学生醉中所题之后，赵构更加高兴了。这简直是民生安耽、文治教化的最好体现啊，说明朝廷的和议政策是多么正确。

于是，赵构也来了兴致，向酒保讨来一支笔，亲手在屏风上做了修改，把"明日重携残酒"，改为"明日重扶残醉"。这喝剩的酒就不带了，看起来确实比一个穷学生洒脱。不过醉后起来，帮昨天一起唱歌的妹妹寻找掉落的首饰，这感觉还是怪怪的。

〔宋〕马和之《鲁颂三篇图》，赵构题书

赵构回去之后，马上宣召俞国宝见驾，并钦赐其翰林待诏。而那酒家屏风上添了御笔之后，一下子成了"网红"酒店，游人争相来观看，生意大好，酒店主人也因此发家致富了。

故事传开之后，杭州的歌楼酒店、庵院亭台一起遭了殃，墙壁屏风都成了一班酸秀才的题诗之处。哪怕只会写几句打油诗，也希望君王游览之时能发现自己的才华。甚至有一个被免职的贪官，还从中得到了启发。他打听到赵构喜欢去灵隐寺喝茶看风景，就想办法去灵隐寺做了和尚。一次赵构来了，他就捧着茶盘出来献茶。赵构觉得这人与别的和尚不大一样，就问他的来历。这人本来就是一个"戏精"，一听便马上跪下叩头，哭着上奏，说自己得罪了监司①，被诬告贪污受贿，削职为民，没有谋生之计，只好在这里做和尚找碗饭吃。赵构一听，不由得同情心大发，又听到是被冤枉的，就答应他回去跟皇帝说，让他官复原职。②

①负有监察之责的官员。
②〔明〕周清原：《西湖二集》，人民文学出版社，1989年，第31页。

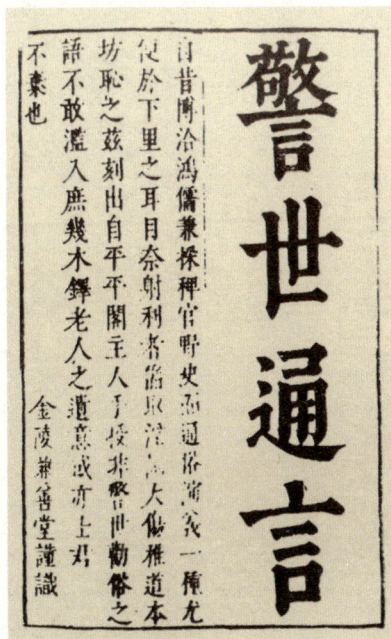

明金陵兼善堂刻本
《警世通言》扉页

这样因西湖而人生瞬间逆转的故事，还有不少。《警世通言》第六卷，讲到来杭州参加考试的穷书生俞良，历尽艰辛，却科场失意，走投无路后在西湖丰乐楼上题留《鹊桥仙》词，准备跳湖自尽。不想又被来游西湖的太上皇赵构瞧见墨迹，因此被封官赐金，荣归故里。①

永嘉秀才甄龙友，游天竺寺的时候，一时技痒，在墙壁上写了几句玩笑诗，称赞观音大士。想不到宋孝宗一见大为赞赏，让身边侍臣寻访其人。有人告诉他："这是一个狂生，用他恐怕败坏风气。"宋孝宗不高兴了："我自会识拔人才，你们不要阻挠。"见到甄龙友后，孝宗问了一个问题："你名字叫龙友，有什么含义吗？"仓促间，甄龙友不知道怎么回答，孝宗大为扫兴，让他退下了。甄龙友事后才反应过来，原来皇帝感兴趣的是他的名字，而不是他胡诌的诗句。②

在皇帝这个专业群里，宋高宗是一个很有意思的人物，不靠文才、不靠武功，甚至"颜值"也一般，但名

①〔明〕冯梦龙：《警世通言》，中华书局，2015年，第33页。
②此事周清原《西湖二集》第三卷、田汝成《西湖游览志余》皆有记载。甄龙友，永嘉（今浙江温州）人，绍兴二十四年（1154）进士，官国子监簿。

宋高宗赵构

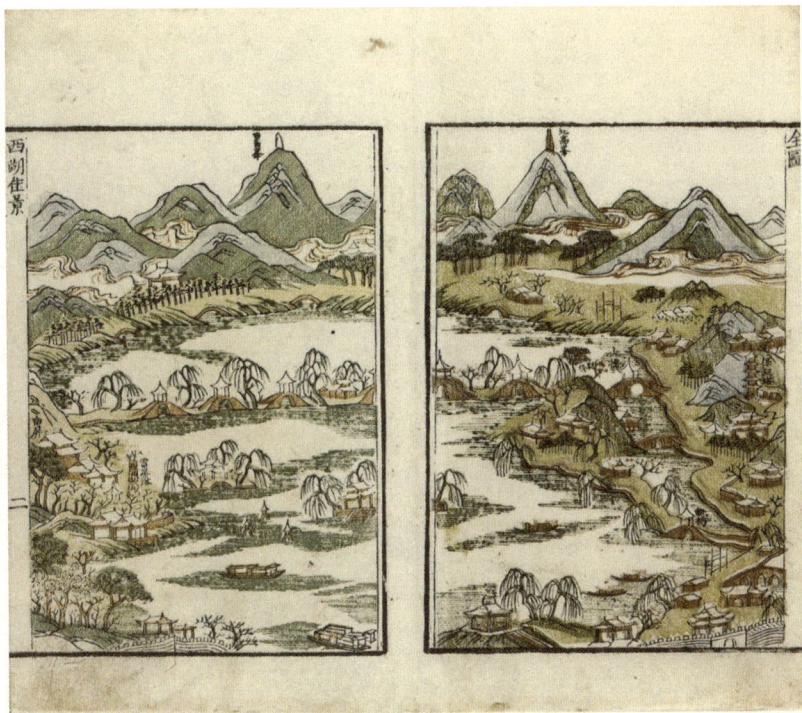

〔清〕《西湖佳景》图册

气却似乎不低。岳飞被害，人们把部分账算在他头上是一方面原因；另一方面与他凭一己之力，为杭州人民贡献了无数个"段子"，给大家在游览西湖的时候带来额外的快乐，也有很大的关系吧。

　　周密《武林旧事》卷三"西湖游幸"中，记载了赵构游幸西湖的场面。他带着随从官员、大内太监和相关侍奉服务的机构，包括做保卫工作的京城部队，乘坐数百只大船，浩浩荡荡，一路出行。两岸游人如蚁，沿途观望。湖边卖果蔬、美酒、花篮、画扇、糖鱼、玩具的，应有尽有，看得人目不暇接；还有相扑、马戏、魔术、投壶、蹴鞠、分茶、水傀儡等游艺活动，层出不穷，热闹非常。比今天湖边的节日活动还要丰富多彩！

〔明〕唐寅《王蜀宫妓图》中的"三白妆"

　　皇帝的"榜样"作用是巨大的。南宋的官员士大夫、"措大"穷文人，到市井普通百姓，都喜欢游玩西湖，游湖真正成了一种全民活动。元宵节看完花灯之后，大家就开始拥到郊外踏青探春了，一直到清明节前后。清明节前是寒食节，杭州人流行在屋檐下插柳条，有钱人家还在柳条上挂枣饼，柳条就是从西湖边折回来的。清明这天，南北两山之间，一路上都是坐车或骑马去上墓的人。妇女们也趁着这个时候出去游玩，还发明了一种叫"泪妆"的时尚妆扮，白衣素面，另有风韵。

　　张岱在《陶庵梦忆》中记录了杭州人清明时节游玩西湖的现象：上午坐着船出去，衣冠楚楚，敲锣打鼓，欢呼畅饮；下午还要去寺院庵堂、景色优美的私家花园闲逛游玩；傍晚的时候，吹奏着乐曲回城，一路上醉意熏熏，衣冠不整，高声乱唱，互相扭打。这哪里是扫墓，简直是一种快乐的后现代生活方式，"清明"只不过是一个幸福的借口罢了。从二月初一直到夏至，差不多小半年的时间，都可以在西湖边看到这种热闹的玩乐生活。

　　杭州人的生活，实在是与西湖太近了。近得就像是家里面的一个成员，家门口的一个物件，高兴悲伤，大小事情，都离不开西湖。相亲、会友、上坟、祈愿、开会、商谈，你看哪个离得开西湖呢？

三、那些发生在湖上的爱情故事

　　郁达夫有一首诗，描绘了杭州才女琴操与苏轼的一段往事：

> 山既玲珑水亦清，东坡曾此访云英。
> 如何八卷临安志，不记琴操一段情。

琴操，北宋钱塘歌妓。天资聪颖，才华出众，曾因修改大诗人秦观《满庭芳》词而红极一时。后受到苏轼的赏识，被引为红颜知己，两人多有唱和来往。据说一日与苏轼对答时顿悟，于临安玲珑山出家为尼。

诗中郁达夫记叙了自己入深山，访荒寺一事。为了追怀前人韵事，他回到住处后还找出临安志翻阅，却没有发现记载琴操的半点文字。一代才人居然被历史遗忘得干干净净，郁达夫对此觉得愤愤不平。[①]

这个故事很能说明山水与人的关系。人文胜迹，需要山水灵气；灵山好水，也离不开名人逸事。尤其像琴操这样一位得山水灵气所钟的弱女子，消逝在残垣断壁之间，更加让人感慨系之。郁达夫的遗憾，确实是其来有自。

这样的故事还有不少。白娘子传奇、梁祝爱情，中国四大爱情传奇中有两个就发生在杭州西湖。清代古吴墨浪子的白话短篇小说集《西湖佳话》，全书共十六篇，记录了苏轼、林逋、苏小小、白娘子、冯小青等不少才子佳人的爱情故事。据文化部门统计，现存西湖传说六百三十余个，其中有不少是爱情传说。西湖的动人之处，不仅在于她秀丽的自然山水，也在于这些美丽动人的传奇故事。

比如上文提到的苏轼与琴操的故事，就记载在宋人《泊宅编》里，《西湖佳话》中的"东坡三化琴操"，内容基本与此相同。

故事说的是苏轼在杭州时，经常携琴操游西湖。一日苏轼突然想到了一种新玩法，跟琴操说："我当长老，你作弟子，我们试着来参禅，怎么样？"琴操笑着答应了。

① 1934 年 3 月，郁达夫与潘光旦、林语堂同游玲珑山，寻访琴操墓。

岁时风俗相传久

HANG ZHOU

〔清〕小荷女史《苏东坡像》

苏轼就问："何谓湖中景？"

琴操对答："落霞与孤鹜齐飞，秋水共长天一色。"

苏轼又问："何谓景中人？"

琴操回答："裙拖六幅湘江水，鬓绾巫山一段云。"

苏轼再问："何谓人中意？"

琴操答: "随他杨学士,鳖杀鲍参军。"

苏轼还问: "如此究竟如何?"琴操不答。

苏轼叹息道: "门前冷落车马稀,老大嫁作商人妇。"

从两人的对答中,可以看出琴操确实是才情过人、自许颇高的。三答引用了三位诗人的句子,与景、人、人之心意,都颇为相适。山水才人,多少风雅适意,但苏轼却看到了人生的结局,所以逼问: "如此最后会怎么样呢?"对一个内心高洁,但又身处红尘的女性来说,这个问题是很难的。所以,她沉默了。

如果不怕唐突先贤的话,正如一些人的猜测,琴操对苏轼或许不无巫女湘君之意吧。但苏轼的最后一句话,也许无意中惊醒了梦中人,让她看清了自己的幻想。所以琴操作了一首词来回答: "谢学士,醒黄粱,世事升沉梦一场。奴也不愿苦从良,奴也不愿乐从良,从今念佛往西方。"不久,琴操果然削发为尼,于玲珑山别院修行。这也许是大学士所预想不到的吧,一句笑侃,玲珑山多了一位女尼。一位女子的直接彻底,往往会让男子都自叹不如。

西湖的女子,有水一样的清澈柔情,也有水一样的干脆与彻底。《情史·王生陶师儿》记载了杭州名妓陶师儿与书生王宣教的凄美爱情故事。陶师儿是八仙坊里的名妓,不仅美貌过人,琴棋书画也样样精通。邂逅王生后,两人两情相悦,私订了终身。但王生出身平民,付不起陶师儿的赎身钱,两人只能偷偷相会。唯利是图的老鸨发现后,千方百计要打断这段情缘。陶师儿就秘密约了王生游西湖,故意盘桓到很晚,直到城门关闭才靠岸。打发跟随的仆从去买酒食后,两人就把船开回湖上,停泊在净慈寺畔藕花深处，最后相抱投湖。杭州人作"长桥月、短桥月"以歌之，现在南山路旁的长桥，就有了"双投桥"这个凄美的名字。

面对爱情与人生，琴操与陶师儿的选择是绝对与彻底的，也是单纯与明晰的。但在生活之中，很多时候的选择，可能是模糊的、复杂的，也是更为艰难的。《醒世恒言·卖油郎独占花魁》中的"花魁娘子"莘瑶琴面临的就是这样的选择。

〔清〕焦秉贞《仕女图》

秦重出身低贱，只是油店的一个小伙计，后来连油店的工作也丢了，只好做了卖油的小贩。从一个当红花魁的角度来看，秦重真不是一个合适的托付对象。没钱、没权、没才，还没工作。瑶琴刚开始也不愿意接触他。为了与"花魁娘子"见一面，秦重好不容易积攒了十两银子，然而瑶琴不想他降低自己身价，直接道："妈妈，我认得他！接了他，被人笑话。"

但最终瑶琴偏偏在许多王孙公子、贵族豪门之外选择了秦重。只因为那夜醉酒之后，秦重无微不至的照顾，让她从中看到了他忠厚老实、温柔贴心的本性。如果对照一下杜十娘，我们就应该钦佩瑶琴的智慧和眼光。相比起秦重，李甲似乎是理想的恋爱对象，典型的"高富帅"，出身官宦世家，自幼饱读诗书，人又长得俊俏，性格温存，还舍得花钱。但最终李甲不但背信弃义，还将杜十娘卖给了别的男人，导致了杜十娘投江的悲剧。

关于爱情，有人说过：人的一生注定会遇到两个人，一个惊艳了时光，一个温柔了岁月。惊艳时光的就像李甲这样，让你心动；温柔岁月的，就是像秦重这样，可以陪伴一生。自古以来，有多少人做对了这道选择题呢？所以瑶琴的聪明是一种来自生活的朴素智慧，更像一条清浅的小河，就认定了水底的那几块石头。在她的观念里，婚姻就是要找一个知冷知热会疼人的人。不懂风花雪月，没有身份地位，这些都不重要，重要的是能真正靠得住。这真像一个底层人家的女儿，懂得生活的艰辛，知道柴米油盐的平淡温暖。

还有人的命运更加凄惨，连做选择的权力都没有，如一代才女冯小青。据清张潮《虞初新志·小青传》与古吴墨浪子《西湖佳话·梅屿恨迹》记载，小青是江苏广陵人，父亲不见记载，估计早亡，只留下母女二人，靠母亲为人做家庭教师维持生活。

　　小青从小聪明颖异，十岁的时候，听一位化缘的老师太念诵《心经》，小青听一遍就完整地背了出来。师太大为惊异，说她夙根聪慧，可惜命中富薄，活不到三十岁，最好能跟随她作弟子。小青家里人以为她是个骗子，把老师太赶走了。

　　转眼到了十六岁，小青成了远近闻名的才女，母亲贪图丰厚的聘礼，做主将她嫁给了杭州一个有钱人冯生为妾。冯生除了有钱其他一无是处，相貌粗俗，还十分怕老婆。进了冯家之后，小青虽然曲意逢迎，但仍然被大老婆视为眼中钉，将她拘禁在房内，不让她与丈夫见面，还将她所带的脂粉书卷都拿走烧毁了。最后小青被赶出家门，独自居住在孤山的一处房子里。

　　小青幽居孤山梅屿，每日借书聊以解愁。一次读到《牡丹亭》"游园""寻梦"，不觉低首沉吟，废卷而叹曰："我只道感春兴怨，只一小青。岂知痴情绮债，先有一个丽娘。"相比杜丽娘梦而死，死而生，最后竟然与梦中之人结成佳偶的传奇，小青只能更加自叹命薄，泫然泣下。她不由得拿笔题成一首绝句：

　　　　冷雨幽窗不可听，挑灯闲看牡丹亭。
　　　　人间亦有痴于我，岂独伤心是小青。

　　小青从此郁郁成疾，也不吃药，每天只饮一盏雪梨汁。在生命的最后时光，小青与《牡丹亭》里的杜丽娘一样，命人找来画师，为自己画了一幅风神绝艳的画像，而后焚名香，设梨酒，自奠而亡。这一年，小青虚岁才十八。①

　　张潮在传后点评："红颜薄命，千古伤心。"小青，

①〔清〕张潮：《虞初新志》，河北人民出版社，1985年，第18—21页。

古本《牡丹亭》插图

正如她梦中的梨花，孤傲洁白，纵使随江水浮沉，也不愿堕落尘泥。她以自己的生命，与命运做了绝望的抗争，书写了灵魂的高洁，增添了湖山的风流。

第二编

时光中的乐趣：四时节庆

那一刹那的心动：元宵灯会

唐代孟棨《本事诗·嘲戏》记载了这样一个故事：

大唐开元年间，宰相苏味道与张昌龄①都很有文名。一次，两人工作之余碰到，就开始了互相调侃。张昌龄说："我的诗之所以比不上你，只是因为没有'银花盒'。"因为苏味道有首《正月十五夜》诗，其中"火树银花合，星桥铁锁开"两句脍炙人口。苏味道说："你的诗虽没有'银花盒'，但却有'金铜钉'呀。"因为张昌龄诗中有"昔偶浮丘伯，今同丁令威"之句，谐音为"金铜钉"。两人不禁拍手大笑。这个故事《唐语林》《唐诗纪事》等古代笔记都有记载，不过与苏味道演对手戏的人变成了崔融。

元代方回认为，五言诗里写元宵写得最好的就是苏味道的这首《正月十五夜》了。纪晓岚则非常喜欢三、四两句，认为"自然有味，确是元夜真景"。诗歌为我们描写了京城元宵节的狂欢场景：

①苏味道，唐代政治家、文学家，宋代大文豪"三苏"的先祖；张昌龄，唐文人，文藻为唐太宗所赏识。

火树银花合，星桥铁锁开。
暗尘随马去，明月逐人来。
游伎皆秾李，行歌尽落梅。
金吾不禁夜，玉漏莫相催。

056

灯火彻夜辉煌，仿佛一棵棵火树开着银花，又像是天上的星桥银河对人间开放；街上人潮如涌，女人们打扮得花枝招展，行人们踏歌而行；京城弛禁，整个城池成了欢乐的海洋。

虽然写的是唐代长安，但苏味道描写的元宵盛况，在别的时代，别的地方，还会以更有意思的方式出现。这些地方中，当然会有杭州。

一、苏轼的怀念

苏轼也有一首写元宵的《蝶恋花》词：

> 灯火钱塘三五夜，明月如霜，照见人如画。帐底吹笙香吐麝，更无一点尘随马。　寂寞山城人老也，击鼓吹箫，却入农桑社。火冷灯稀霜露下，昏昏雪意云垂野。

写这首词的时间是熙宁八年（1075），苏轼调任密州后过的第一个春节。等到正月十五上元节，对过节盼望已久的苏轼兴致勃勃地出门去了，他希望看到的是灯彩辉煌、鼓声阵阵，狂欢的人群也把节日的欢乐带给这位寂寞的太守。但他失望了，他看到的只是几盏稀稀落落的灯笼，一群人击鼓吹箫，而且很快散入郊野农社去了，厚厚的云层下，灯火也变得寒冷，如秋霜一般散落在大街上。山城寂寞，人的心境也莫名觉得苍老了。

苏轼扫兴而归。回到官衙后，他想起了昔日好友，对杭州的怀念突然变得不可遏止，于是提笔写了上面这首词。

留在苏轼记忆深处的这个钱塘灯火之夜，在熙宁六祥符寺①九曲路举行灯会，游人杂沓，热闹非凡。苏轼不由得想起了好友，祥符寺僧可久。可久是当时杭州有名的诗僧，工古诗和律诗，清苦耿介，不与权贵交结。通判杭州之后，苏轼经常在公事之余，来到僧房精舍，与可久和尚谈诗论禅，让自己从复杂的变法斗争中解脱出来，在美好的湖山怀抱中找到内心的寄托和平静。

傍晚时分，苏轼悄悄将侍从遣开，独自从官衙出来，绕过井亭桥，穿过尽情玩乐的人流，步入祥符寺，正想找可久聊天，不料僧房灯火寂然，了无人声。清风吹拂，花香阵阵，只有一盏琉璃灯照着空旷的大殿。真是一个清凉世界啊！这一刹那，苏轼仿佛明悟到了什么，也不让人寻找可久，就在阶下树旁的石头上坐了片刻，方起身推开精舍小门，走出寺院。

〔明〕《南都繁会图》中的鳌山灯

①即龙兴寺、戒坛寺，宋大中祥符初，改赐"大中祥符"额。史载有钱王九十九眼井，今存者无几。

外面还是这么热闹。西湖边九曲路上，处处歌舞，遍地灯彩。市井坊巷，家家户户，都用银盏燃起祈福的香火，备下元宵圆子、盐豉汤，热情地邀请经过的人群和舞队。那些高门大宅也在这时候与大家一起凑热闹，在家门口搭起舞台，做雅戏、放烟花、舞鲍老[1]，引来众多游人仕女聚集观看。好客的主人还在门口备下酒水，供人酌饮。

喧闹的鼓乐声中，人们提着明亮的碧纱灯笼，举着火把，穿巷走户，汇聚到街道之上。月色映着数以万计的灯笼，湖水倒映着月亮、灯火和游人，把整座杭州城照耀得如同一座水晶宫。人们载歌载舞，欢腾热闹，各种灯品争奇斗艳，绚丽无比，有如波涛在火焰中翻滚，又似金鱼在沸汤里跳跃，璀璨夺目，尽态极妍。

真是一个令人陶醉的欢乐之夜啊！欢乐得如同在醉里梦中，让人担心酒一醒就消散了。第二天，苏轼把这个上元之夜记了下来，写成《祥符寺九曲观灯》一诗：

> 纱笼擎烛逢门入，银叶烧香见客邀。
> 金鼎转丹光吐夜，宝珠穿蚁闹连朝。
> 波翻焰里元相激，鱼舞汤中不畏焦。
> 明日酒醒空想像，清吟半逐梦魂销。

二、最佳看灯城市：清风寨，还是杭州城？

让苏轼念念不忘的杭州，在最佳看灯城市排行榜上处于什么位置呢？

《水浒传》描写了三个地方的元宵节：汴京城、大名府与清风寨。其中最热闹的应该是汴京城，但作者写得最具体的反而是清风寨。其他两个地方的元宵，都是作

[1] 舞鲍老：宋代民间舞蹈，为模仿傀儡的滑稽舞。

为梁山好汉打打杀杀戏码的背景出现的。

清风寨是山东省青州市下面的一个小镇，宋江因杀了阎婆惜亡命江湖，来到清风寨投奔好友花荣。恰好是腊尽春回，元宵节近，这清风寨镇上居民，就商量放灯一事，准备庆赏元宵。书里介绍了村民们准备元宵节花灯的情形：在土地大王庙前，扎缚起一座小鳌山，上面结彩悬花，张挂五七百碗花灯。村中家家门前，都扎起了灯棚，悬挂着比赛的灯火；灯上画着许多故事，也有剪彩飞白牡丹花灯，并荷花芙蓉异样灯火。宋江在几个士兵的陪同下，观看清风寨村民舞鲍老，模仿傀儡跳滑稽舞。看得宋江呵呵大笑，然后被刘知寨的老婆发现，她向丈夫指认宋江是清风山的贼人。结果剧情翻转，一次观看民俗风情的元宵之夜，变成花荣大闹清风寨的刀光剑影。

杭州作为当时的江南大都市，繁华程度远非清风寨可比，尤其是南宋定都临安之后，杭州成了京城，其繁荣热闹更胜汴京。周密《武林旧事》对南宋杭州的元宵节有非常生动的描绘，我们可以与《水浒传》中的清风寨、北宋的汴京城做一比较，看看元宵最佳观灯地该属何处。

首先是节日筹备工作。清风寨的乡亲们在土地大王庙前搭了一座灯棚就很满足了，号称小鳌山。汴京城的鳌山高灯规模则要庞大得多，几乎抵得上一个大广场了。而且是在冬至日就提前竣工，悬挂各色灯品，可以预先观赏。杭州城也有预赏元宵，时间比汴京更早，从上年九月重阳节赏菊灯之后，就开始筹备元宵灯节，家家户户都争奇斗艳，挂出花灯，叫"试灯"。到了正月之后，灯火就更加热闹了，由修内司（大内事务管理局）各个部门来负责，大家都争着创出新意，不与往年雷同。杭州城的鳌山灯规模没有具体数据，不过数量上比汴京城

岁时风俗相传久

HANG ZHOU

杭州风俗 **H A N G　Z H O U**

〔清〕院本《十二月令图》之正月十五闹元宵的夜景

的要多，除了皇宫城门，还在梅台、三闲台等处也立起了鳌山。虽然说"试灯"与真正的"预赏"还稍有区别，没有那么热闹，但总体上，杭州元宵节的筹备工作，气氛营造得要比其他地方浓厚。

其次是灯品的创新。清风寨以各色植物花灯为主；汴京城的花灯《大宋宣和遗事》里面没有细说，《梦粱录》记录了两条草龙造型的巨大花灯，还有会喷水的菩萨坐像，还是很有创意的。但相比较而言，杭州的花灯有了更大的发展，形成了不同的流派风格。来自苏州的"苏灯"最为精致，用各色琉璃做成，上面画着山水人物，花竹翎鸟，简直就是一件艺术品；福州的白玉灯，烛光灯盏相辉映，玲珑剔透，冰清玉洁；新安郡（今新安江流域）的"无骨灯"，连灯骨都用琉璃做成，创意奇特，令人叫绝。

〔清〕官绘本《升平乐事图册》中的白象花灯

最让人震撼的还是皇宫出品的"琉璃灯山"，高有五丈，上面的人物都有设计精巧的机关，可以活动。还造了一座巨大的彩楼用来放置灯山，彩楼的殿堂栋梁之间绘上壁画，讲述各种故事，还有会喷水的龙凤，蜿蜒而动，栩栩如生。彩楼上还有舞台、大殿、皇帝御用的小包厢，前后用玉栅帘隔开。皇宫乐队在里面演奏，乐声响起，仿佛天上的仙曲，传到了人间。皇帝坐在里面，恍然就如广寒宫清虚府中的神仙。西湖老人在《西湖老人繁胜录》形容杭州元宵节是："巷陌爪札欢门挂灯。南至龙山，北至北新桥，四十里灯光不绝，城内外有百万人家，前街后巷，僻巷亦然。挂灯或用玉栅，或用罗帛，或纸灯，或装故事，你我相赛。"

毫无疑问，在灯品的创新和元宵节的总体氛围上，杭州全面胜出。

再来看活动的策划与创意吧。清风寨的两个知寨都不重视，花知寨花荣直接找借口溜走了，另一个知寨刘知寨与家人一起坐在自己府墙院里看鲍老戏。汴京城因为宋徽宗的亲自参与策划，内容要丰富得多。尤其是宣万姓、"赐御酒"这些环节，人人都可参与，还有机会就近看到皇帝龙颜，给汴京城的元宵节营造出了一种热烈的传奇色彩。后来的临安基本上都模仿了汴京的做法，"大率效宣和盛际"，但皇帝没有像宋徽宗时那么亲民，宣万姓、"赐御酒"这些节目都没有了。二更时，皇帝乘坐小辇悄悄地到宣德门看鳌山灯和百戏舞队表演。这点上，汴京城胜出太多。

然后是文艺节目的丰富多彩程度上。清风寨有放社火、舞鲍老，但估计只是一种乡间农民自发组织的舞蹈。汴京城有宫廷乐队，相扑、百戏等节目，但都在露台上表演。杭州则是一种全城狂欢，除了大露台上的表演，

〔明〕吴彬《月令图卷》之元夜观灯

还有街头舞队和各种社团组织人员上街表演。舞队有商业演出性质的，可以到贵邸豪家去演出，也会到酒楼旅馆助兴。每到华灯初上，这些舞队就在酒店旅馆集中的地带开始表演了，等着客人的召唤，费钱也不多。如果你正好坐在西湖边的某个酒楼里，与几位风雅好友一起观灯赏景，肯定会喜欢这样的氛围吧。

还有在大街上表演的歌舞队。进入元宵节后，大规模的舞队开始多起来了，最多时达数千支队伍。像旱地划船、踩高跷，最为常见；铜锣舞、鬼面舞，最有创意。表现农家生活的小型歌舞，让人发出会心一笑；表演军队拼杀的狮豹蛮牌，让人体会到沙场征战的野蛮残酷；"大头和尚"的滑稽样子，让人发笑不已；"乘肩小女"在壮汉肩膀上轻盈起舞，让人叹为观止。

毫无疑问，南宋杭州城的元宵节，肯定会更受人们欢迎。

〔清〕官绘本《升平乐事图册》之舞钟馗

最后，我们来看看安全和保障措施。清风寨元宵节，花荣还算忠于职守，带兵去镇市上弹压，因此没有时间陪宋江看灯。但清风寨的官场政治生态不好，正副两个知寨不团结，刘知寨老婆指认宋江是反贼，表面上看是恩将仇报，实际上是两人政治矛盾的反映，抓宋江其实是为了扳倒花荣。最后导致花荣大闹清风寨，刘高把自己的小命也弄丢了。清风寨的安保工作可以直接给"差评"。

汴京是帝都，元宵节安防当然是重视的，禁军值班的卫士，节日期间是不能去游玩的。宣德门这样重要的地方，开封府尹会带领衙役在那里维持秩序，并在西朵楼下方宣布对在押罪犯的判决，皇帝也会亲自观看开封府的司法工作。有一次还发生了一起突发事件，宋徽宗在御楼看京兆尹判案时，被一个身穿黑衣的人闯到门口，指着鼻子大骂了一通，这下子把宋徽宗和一班官员、侍卫吓得够呛。更别说《水浒传》里，宋江带着柴进、燕青等人到汴京城看花灯，本想通过李师师找到招安的门路，不想李逵打了杨太尉，梁山好汉大闹汴京城，一时"惊得赵官家一道烟走了"。可见，汴京城的安保漏洞真不小呢。

临安府的工作做得怎么样呢？"十五夜，帅臣出街弹压"，军事长官会带兵出来维持秩序，其他官员带人巡逻防止火灾，都辖房①派人分片负责地方治安。同时，还会借机进行"法制警示"：利用灯饰、图像演绎"狱户故事"；或在"繁闹之地"，押出在囚罪犯数人当众宣判。实际上这些囚犯并不是刚犯了罪，而是监狱里的犯人，被官府临时提出来充当一回"群众演员"，来警示不法分子的。

除此之外，临安官府还会非常贴心地出台惠民措施，不但免去三天公私住房的租金，减轻百姓负担；还每晚派人巡视，给上街表演的歌舞队发钱发酒，以资犒赏；京兆尹乘坐小轿上街游赏，同时维护秩序，各歌舞队簇拥而行，队伍绵延十多里。还派专人背着一个大布袋，里面装着钱，遇到做买卖的小生意人，就给他们发钱，每人数十文，这叫作"买市"。碰到一些钻空子的滑头，在小盘里放几片梨藕之类的东西，假装是生意人，在人群中钻进钻出，重复领赏，也没人去计较。

当然也有出意外的时候，宋理宗的时候，一次在皇宫请太后观看烟花，结果烟花从地上横飞，径直钻到太后的座下，把太后吓得不轻，差点就怀疑皇帝是故意的了。幸亏皇帝道歉及时，太后也宽宏大度，连采办、筹备的相关人员都没有处罚，事情就这样过去了。

①都总辖房的简称，京师治安机构，掌缉捕违法分子。

总体而言，杭州的保障工作，温暖、细致、贴心，真可以用一个流行的词语"小确幸"来形容了。临安城的百姓们，会有一点隐约期待的幸福与满足吧。南宋姜夔在一次近距离体验了杭州的元宵节后，连写了好几首诗，表达自己的兴奋之情。有一首是这样的：

> 南陌东城尽舞儿，画金刺绣满罗衣。
> 也知爱惜春游夜，舞落银蟾不肯归。
>
> ——姜夔《灯词·其一》

你看彩灯缤纷，歌舞满城，良夜苦短，那跳舞的舞者也舍不得这良宵佳节，月落星稀，人群散尽，还不肯归去歇息。诗人借一位生活在城市底层的舞者的心情，写出了杭州元宵节的欢乐，写出了杭州城的文艺范儿，看来还真不是清风寨和汴京城能比的呢。

三、让辛弃疾怦然心动的"蛾儿"是什么？

杭州的元宵节，最令人向往的，不是动人的月色，不是迷幻的灯火，而是这比灯火更美的人儿，这灯火下可能会发生的浪漫和想象。南宋大诗人辛弃疾的一首词《青玉案·元夕》，就写到了一位让他怦然心动的美女。

> 东风夜放花千树。更吹落，星如雨。宝马雕车香满路。凤箫声动，玉壶光转，一夜鱼龙舞。　　蛾儿雪柳黄金缕。笑语盈盈暗香去。众里寻他千百度。蓦然回首，那人却在，灯火阑珊处。

写这首词的时候，辛弃疾南归不久，从铁马冰河的战场，回到了赋闲种地的日子。节日的热闹和繁华，让内心的失落和寂寞更为浓郁。他来到临安的街头，慢慢行走着，边观赏着花灯，边体会着江南城市的风情。

正月的临安，东风带着暖意。这一树一树的花灯仿佛是被一夜东风吹开的花朵，又好像是漫天的星斗，被风吹落人间。如此良辰美景，让刚从铁马冰河的战场回来的辛弃疾心情也逐渐开朗起来。他随着人流往灯市热闹的地方走去，身边不断有富贵人家的华丽马车经过，飘来阵阵香风。箫鼓欢快的旋律，伴随着舞队的脚步，节日的热闹要一直持续到月落星残，东方既白。

他默默地观察着人群，体会着这个江南城市的热闹与繁华。一群美丽的少女，头戴亮丽的饰物，笑语盈盈，从他身边跑过。他想跟随上去，更近地分享她们的快乐。但转眼间她们就消失在人群中了，只留下一缕香气萦绕在空气中。她们的欢乐与幸福是如此真实，但似乎与他的距离又是如此遥远，难以挽留。

〔元〕钱选《招凉仕女图》

　　帝国就如一艘庞大而破旧的巨舰，在急流汹涌的险滩漂流而下，有人想逆流而上，恢复原来的辉煌，有人想找到一个平缓之处，暂时歇息。他想做那个挥篙搏击的人，但由此带来的凶险和困难，又有谁能够理解和支持呢？

　　他继续一个人走着，想到好友叶梦得、史致道，还有刚召对过他的皇帝陛下，他们也许都能理解他，但也都没有理解他。就如现在在人群中的自己，多么热闹，又多么孤独。想到这里，他不由得回头一看，就在刚才灯火阑珊的寂静之处，一位明媚的女性，站在灯火之下，看着他，似乎就是刚才那群走过去的少女里的一位。

　　他的心弦不由得被拨动了一下。这似乎是某个梦中的场景，也正契合他现在的心境。相比热闹中的欢乐，他更喜欢这种寂寞中的相契；相比熙攘的人群，他更喜

〔唐〕周昉《簪花仕女图卷》（局部）

欢这种独自寻找的美丽和坚持。

史料记载，辛弃疾正是南归临安之后，与范氏女定情成亲的。虽然不能说这首词写的就是他的妻子，但我们可以说在这个元宵节的晚上，辛弃疾与张岱一样，由灯光的灿烂，联想到了爱情的浪漫。

"蛾儿雪柳黄金缕。笑语盈盈暗香去。"这是诗人眼中临安女性的美丽形象。周密《武林旧事》卷二："元夕节物，妇人皆戴珠翠、闹蛾、玉梅、雪柳。"可见"蛾儿""雪柳"，都是古代妇女的一种节日头饰。在丝绸或乌金纸上画上花草蝴蝶等图案，用色彩画上须子、翅纹，然后用细铜丝固定而成。宋柳永词中也称之为"闹蛾儿"或"闹嚷嚷"。①

吸引了辛弃疾目光的，看来是一位时髦的南宋女子。

李清照曾经写过自己年轻时的元宵装扮："铺翠冠儿，捻金雪柳，簇带争济楚。"意思就是头上戴满了各种精巧的小玩意儿，该戴的都不能落下，这才叫打扮周正了。有哪些该戴的呢？除了上面的蛾儿、雪柳、黄金饰物，南宋的杭州女子，还有各种时髦玩意儿，比如菩提叶、珠冠、灯球。有的女性头戴高二三尺的高冠，以至于只有侧着头才能进得了轿子。

在这种奇特的冠子上，插满随步颤摇的小饰物。月色之下，白衣飘飘，灯影相衬，确实有一种引人遐思的美。还有些人为了标新立异，设计出一种被称为"火杨梅"的灯火头饰，用枣肉捣炭末为丸，穿在铁丝上点着火，插在头上，够显眼，也够危险的。一些游手好闲的男子，则将白纸剪成大蝉的形状，用长竹枝插在头上，晚上穿行在游人中间，知了在柔韧的竹枝上颤动，仿佛要振翅飞去。

① 清王夫之对此有具体考证。

〔宋〕佚名《宋仁宗后
坐像轴》中的盛妆宫女

　　元宵节不但是灯的舞台，也是杭州女子竞妆斗艳的舞台。不仅仅是辛弃疾被元宵节晚上一位陌生的少女激起了情感的涟漪，还有更多人在这热闹的佳节，留下了浪漫的故事。

　　宋话本小说《张舜美灯宵得丽女》中的越州秀才张舜美，就在元宵节遇到了一段美好的爱情。落第秀才张舜美出去观灯，正在且行且诵的时候，遇到了一名挑着彩鸾灯的小娘子，不由得一见钟情。一路跟着到了众安桥，跟丢了女子踪迹，闷闷而回。第二天又去街市等候，只是等不到那女子来，正要回去的时候，忽然发现那女子从人群中挤出来，张生跟随在后，一路到盐桥，又往广福寺烧香。那女子偶尔回头，看见张生，不觉失声一笑，回身从袖中扔下一个同心方胜儿，上面不但写着一首《如梦令》词，还写了自己的地址和家庭情况。然后，两人当然是由此相识相爱，并相约私奔了。最后历经重重磨难，有情人终成眷属。①

①萧欣桥选注：《西湖古代白话小说选》，浙江人民出版社，1982年，第87—89页。

还有更富传奇色彩的故事。

明万历辛丑年（1601）元宵节，五岁的张岱跟着大人去龙山放灯，这次经历给他留下了难忘的记忆：从城隍庙到蓬莱岗，棚架上、道路上、山谷里、树枝上，到处都挂满了灯。站在山下看，漫山灯火就像天上的星河向人间倒灌，水势汹涌；又像隋炀帝夜游，倾倒数斛萤火虫于山谷间，虫团依附在草木上，流连不去。卖酒的、赏灯的，大家沿山席地而坐。"山无不灯，灯无不席，席无不人，人无不歌唱鼓吹。"在一片丝竹管弦的声音中，不知不觉迎来天亮。

在这篇笔记的后半部分，张岱记了一个神异的故事：

十五月圆之夜，灯灭人静的时候，一个酒店老板正在算当天的账，突然有六七个美妇人来买酒喝，酒喝完

〔清〕官绘本《升平乐事图册》之赏灯图

了，却发现酒瓮压根没开封。她们买了一大坛酒，差不多有四斗，拿出袖中的瓜果，顷刻间一坛酒就被喝完了。但酒是从哪里出来的呢？有人怀疑她们是女人星，或是酒星。

节日浪漫得连神仙也向往了，可见杭州元宵节的盛况。张岱在那篇笔记里写到，天明之后，打扫出来的果壳和鱼刺、肉骨头堆积成了高山，妇女们丢失的鞋子，捡到后被挂在树上，好像秋天的树叶一样多。《武林旧事》也有记载，夜深人散之后，有人会打着小灯在路上寻找游玩者遗失的东西，俗称"扫街"，往往会捡到金钗、耳环之类值钱的首饰。这也算是这场节日盛会结束后的余响吧。

有些讲究的杭州人家里，在十七日落灯那天，还会举行祭神仪式，祭祀完成后，就把神像前所供的杯筷等物全部收走。意思就是告诉神仙们，元宵节结束了，可以回去正常上班了。[1]这跟现在饭店的服务员，会在客人坐晚了时出来收拾餐具的做法，真有异曲同工之妙了。

碧艾香蒲处处忙：端午节

《水浒传》第十三回《急先锋东郭争功　青面兽北京斗武》，写到一场端午家宴。书中写道："时逢端午，蕤宾节至。梁中书与蔡夫人在堂家宴，庆贺端阳。"蔡夫人有意问自己丈夫："相公自从出身，今日为一统帅，掌握国家重任。这功名富贵从何而来？"梁中书马上领会了夫人的意思：老泰山蔡太师的生日将到，需要送寿礼了。由此引出了杨志押送生辰纲，梁山好汉"智取生辰纲"的故事。一场端午家宴掀开了梁山好汉聚义的序幕，这里暂且按下不表。一个有意思的地方是，端午节为什么又叫"蕤宾节"呢？

原来"蕤宾"本来是指古代音乐十二律里的一个调子。古人认为十二律与十二个月份是可以对应的，"蕤宾"对应的就是农历五月，所以就成了端午节的一个文雅称号。我们真应该佩服古人的智慧。这是一种多么艺术化的生活啊：人、自然、艺术是息息相通、交融在一起的。

一、恶月传说和洪迈的魔幻故事

"蕤宾节"的别称，说明了端午节起源于古代先民对时令节气的一种观察和适应。端午邻近夏至，暑气日生，

十二音律

热毒渐盛，所以五月五日便被古人认为是"恶月恶日"。《礼记·月令》载："是月也，日长至，阴阳争，死生分。君子斋戒，处必掩身。"这段话从时令节气变化的角度分析了五月的特点：阴阳之间的斗争特别激烈，万物盛极而衰，人们应该通过斋戒、减少活动来适应节令的变化，并由此产生了许多禁忌和辟邪措施。

汉代应劭《风俗通义》还说到，五月五日出生的小孩，"男害父，女害母"。战国"四公子"之一的孟尝君，就因为是端午节出生的，差点被他父亲田婴扔掉。幸亏他的母亲没这样去做，偷偷叫人把他养大了。

孟尝君还算幸运的，有个爱他的母亲，不顾一切地把他养育成人了。有个人比他要悲催多了，他就是东汉时期的重臣、学者胡广。胡广本来应该姓黄，因为五月五日生，他的父母都害怕了，把他藏在葫芦里面，扔到河里面漂走了。多亏一个胡姓老人听到婴儿啼哭声，把他捡回去收养下来。长大后，胡广博学多才，仕途亨通，史称"一履司空，再作司徒，三登太尉"。他的生父生

〔清〕黄色缎平金绣
五毒葫芦纹粉盒

母想来认儿子回家，胡广不认，说："我的亲族认为我已经是死人了。"后来胡广就没有认他本来的宗族，以胡为自己的姓，哪怕因此被一些人嘲笑也不顾。可见童年遭遇给他留下的心理阴影，实在是太大了。

孟尝君的故事记载在《史记·孟尝君列传》上，胡广的故事记载在《世说新语》和《太平广记》上。古人对端午节"恶月恶日"的恐惧，还有很多例子。清代有个名叫赵翼的学者，罢官后在他的读书札记《陔余丛考》中，对"恶月"的传说进行了一番具体的考证。

除了孟尝君、胡广，他还举到了王凤、王镇恶、崔信明和李元昊等历史名人，他们都是五月五日出生，但都没有害父害母。王凤位高权重，他的侄儿更有名，叫王莽；王镇恶武功盖世，位列武庙七十二名将之一；崔信明博览群书，才冠一时；李元昊开疆立国，成为一国之君。这似乎说明"恶月恶日"的忌讳仅仅是世俗之见，不必相信。但有意思的是，赵翼紧接着又举出一些相反的例子，说明这种端午习俗也"时有应验者"，比如李后主、宋徽宗、萧观音①、屈原、翁应龙②，都是五月五日生的，下场都不太好，或遭人陷害而死，或报国无门自杀，或亡国苟活不得。③难道"恶月之说"还真的存在吗？在对照了一番之后，赵翼忍不住产生了这样的疑问。

我们不能苛求古人的科学素养。赵翼对端午的"恶月之说"，还是抱着一种求证的态度的。南宋杭州人洪迈在他的笔记小说集《夷坚志》中记载的一件事，简直就是魔幻现实主义了。

河中府④有一个老兵胡德，年轻的时候去往京西缉捕盗贼。夜里经过一处村庄外面的田野，遇见一条大蛇在麦垄中昂首爬行。经过之处，麦苗倒伏。胡德带着几名士兵用长枪把蛇刺死了，蛇有一丈多长，他们把蛇分成十多段，提在手中离开了。胡德把蛇头挂在枪上，没走多久，村中一个妇人望见蛇头，就捶着胸大哭着走过来，说："谁让你不听话出去，就这么死了啊！"又与家里人一起挽留胡德到她家中，并且出钱买下蛇头埋葬了。

①辽道宗耶律洪基的第一任皇后，精通诗词、音律，遭诬陷被赐死。
②南宋官员，贾似道幕僚，后被处死。
③参见韩养民：《端午旧事》，河北大学出版社，2011年，第21—22页。
④今山西省永济县蒲州镇，因位于黄河中游而得名。

〔清〕戏剧图册之《五毒传》

〔元〕佚名《夏景戏婴图》中的五毒扇

看来这蛇是妇人的亲人变的。

洪迈说胡德退伍后就在他岳父家里当门房，这事就是胡德亲口跟他说的。虽然《夷坚志》志怪小说的味道很浓，但这个故事还是反映了古人对端午的一种认识："恶月恶日"对于古人来说，并非幻想，而是一种真实的现实。

端午不但有毒蛇、毒人，有时还会遇到一些不靠谱的神仙，万一跟你开个玩笑，也是一件高风险的事情。唐代薛用弱在《集异记·裴珙》中就讲了一个神奇的故事。洛阳孝廉裴珙[1]，端午节回家省亲，路上遇见一个少年打猎回城，他笑着对裴珙说："明天就是端午节了，你该早点回家，为什么这么晚还没回去呢？我把备用的快马借给你吧。"裴珙很高兴，上马飞奔到家。结果发现一个奇怪的现象：家里人既看不见他，也听不到他说话，还在那里惦记着他什么时候回来。原来他遇到的是昆明池神的七公子，回到家的只是他的灵魂。

这篇传奇中的人名、地名等都是真实的。故事里面裴珙好好地走自己的路，就因为是端午节，碰到神仙跟他开了一个玩笑，结果差点被害死了。

可见，在古人的观念里面，端午这个"恶月恶日"，不但各种毒虫、瘟疫流行，各路鬼怪神仙也喜欢在这个时候出来溜达，真是危险万分。由此发明了许多祛毒防疫、祈福避灾的办法，形成了丰富多彩的民俗文化传统。

二、朱淑真的端午节

朱淑真有一首《端午》诗，很真实地反映了杭州人端午节的习俗：

①唐朝人，曾任朝议郎河南府王屋县令。

杭州风俗 HANG ZHOU

纵有灵符共彩丝，心情不似旧家时。

榴花照眼能牵恨，强切菖蒲泛酒卮。

朱淑真（约 1135—约 1180），号幽栖居士，是一位能与李清照相媲美的宋代女诗人。但其生平事迹可考者甚少，籍贯、身世历来说法不一，一般认为是钱塘（今浙江杭州）人，也有认为她是海宁人的，但根据所留存的诗作来看，她确实曾长期在杭州生活。

宋人魏仲恭[1]在《断肠集序》中说，朱淑真"早岁不幸，父母失审，不能择伉俪，乃嫁为市井民家妻。一生抑郁不得志，故诗中多有忧愁怨恨之语"。这段简单的叙述，被后人演绎成一个凄婉的才女故事。明朝小说家周清原《西湖二集》有一篇《月下老错配本属前缘》，讲的就是朱淑真的故事：出身于小户人家的朱淑真，从小聪明标致、才气横溢，但舅父吴少江因为赌博输了钱，借了开杂货铺的金三老官二十两银子，为了顶债，就设计骗妹妹把朱淑真嫁给金三老官的儿子。在父母之命、媒妁之言下，朱淑真无奈嫁到金家，哪知夫婿是一个三分像人、七分像鬼的怪物，外号"金罕货"，怅怨之下，朱淑真唯有借诗纾解郁闷。

这首诗写的就是一个婚后的端午节，朱淑真做着眼前的节日之事，想起的是昔日的闺中生活。这个节日对朱淑真来说是不快乐的，哪怕眼前明媚的榴花，也没有给善感的诗人带来明亮的心情。但就在这样的情况下，她还是按照习俗要求，准备着过端午节的东西，佩灵赤符、系五彩丝、作菖蒲酒。可见这些端午节俗，在当时影响之深。

五彩丝线，也叫五色彩索，是当时最为流行的辟邪饰品。东汉应劭《风俗通义》说："五月五日，以五

① 字端礼，安徽人，淳熙九年（1182）任平江府通判，尝辑刻朱淑真《断肠诗集》并为序。

彩丝系臂者，辟兵及鬼，令人不病温。"说的就是这个习俗。人们在端午节的时候，在手臂上系五彩丝，认为能够辟除恶鬼、刀兵和时疫。宋陈元靓《岁时广记》记载："五月五日，以朱索五色为门户饰，禳止恶气。欧阳公诗云：'五色双丝献女功，多因荆楚记遗风。'"这种五彩索也叫长命缕、续命缕、辟兵缯，由青、黄、赤、白、黑五种颜色的丝线编织而成，戴在手腕、胳膊，或胸前，也有人挂在门户上。还能够编出种种精美的花样，有编成日月星辰鸟兽花样的，有编成同心双鸳花纹的，

〔清〕徐扬《端阳故事图册·系彩丝》

也有编成一串回环寿字图案的。

洪迈《夷坚志·花月新闻》中就讲到一个读书人姜廉夫，娶到了一个女剑仙，到了端午节的前夕，那女子在一夜之间做了一百多副彩索，送给亲戚族人。彩索上不但有人物花草，还有字画点缀，编得十分精致。得到的人无不赞叹，大家都称她为"仙姑"。可见端午节戴五彩索的风俗，在当时是很普遍的。

端午节常见的场景还有插菖蒲、悬艾虎。菖蒲叶像长剑，民间称为"天师剑"，可以斩千邪；艾草芳香辟秽，可以驱除蚊蝇，还能够强身健体，孟子就说过"七年之病求三年之艾"的话。

有的人家把艾草扎束成人形钉在门上，这就是"艾人"；还有更巧妙的做法，将艾草编成一只"萌萌的"小老虎，或者将菖蒲刻成葫芦形，也有先用彩绸剪出小虎形状，再贴上艾叶的，做工非常精致，小的只有一颗小黑豆大小。系上彩线，作为饰物挂在胸前，或者戴在头上，叫钗头艾虎，也就是朱淑真诗中佩在身上的灵符。

山东剪纸《艾虎·倒灾葫芦》

张天师像

当然，古人认为威力最大的辟邪物品，还得算张天师、钟馗像。南宋吴自牧《梦粱录》卷三记载："五日重午节，又曰'浴兰令节'，内司意思局以红纱彩金盝子，以菖蒲或通草雕刻天师驭虎像于中，四围以五色染菖蒲悬围于左右。"书上记载了南宋皇宫制作天师像的方法：用菖蒲或者通草雕刻出来，而且是张天师和艾虎的组合，周围还围上染成五色的菖蒲。

普通家庭的天师像没有这么讲究，但也都会用艾与百草扎一个天师像或者虎头白泽，悬挂在自己家门口。陈元靓《岁时广记》记录了一种民间天师像的做法："端五，都人画天师像以卖。又合泥做张天师，以艾为头，以蒜为拳，置于门户之上。"

这说明有人在端午节习俗中发现了商机，做天师塑像来卖，用艾草的根做头，用大蒜做手，生意非常好。

端午节前一天，杭州城里整夜都能听到卖画像符纸和菖蒲艾草的声音，沿门唱卖，满街不绝。

关于钟馗图，杭州才子袁枚有一个《钟进士》的故事，讲述得颇为生动。已致仕的王吏部，端午节请人画了一幅钟馗图，上面还盖了天师府的玉印。晚上，家里一个小童仆喝菖蒲酒过多，在大堂里睡着了。夜深醒来，忽然看见黑暗中无数小鬼，有的提着红灯，有的举着牌子，有的提着盒子，匆匆忙忙赶路而来。在大部队后面，众鬼扶着一顶八坐花轿，由四个手提明角灯的鬼在前面引导。最后钟进士骑着高头大马，在众鬼的簇拥之下走过来，场面非常盛大。

童子刚开始很害怕，接着就忘了害怕，闯到队伍中，跟着小鬼排班列队，忘了他们都是画中的人物了。等到天明，抬头一看，只见钟馗怒目相视，不由得吓出一身

〔清〕黄慎
《端午钟馗图》

冷汗，狂叫着跑出大堂。府中其他人听到，忙问怎么了。童子说了他的经历，大家半信半疑。王吏部知道后，在画上题了一首绝句："怒张须鬐气似云，儿童徒见乱纷纷。符师新买鸡头笔，费尽丹砂只为君。"写完，笑着让童子把画卷起来收藏好。①

袁枚通过这个故事，以一个很有意思的角度，反映了古人端午节挂钟馗图的习俗。

还有佩香囊，也是端午节的一大习俗。《红楼梦》写到每到端午节的时候，香料都会离谱地涨价，贾芸为了能在贾府内谋得一点差事做，就在端午节前买了一些冰片、麝香等香料给王熙凤送礼，讨得了王熙凤欢心。可见这一习俗在当时的流行程度。

宋人陈元靓的《岁时广记》提到："端五，以赤白彩造如囊，以彩线贯之，搐使如花形，或带，或钉门上，

① 卢润祥、沈伟麟主编：《历代志怪大观》，上海三联书店，1996年，第901—902页。

〔清〕刺绣葫芦香囊　　　　打籽绣海棠花纹香囊

以禳赤口白舌。"这说的就是端午香囊。里面填充芳香开窍的中草药，外包绒布，以五色丝线扣索，结成一串，玲珑可爱，清香四溢。这里提到的"赤口白舌"，是一位主口舌争讼的恶神。古人相信佩香囊可以禳除。

杭州人会在香囊里装上一小把稻子和一颗李子，有稻有李，这就是"道理袋"，又叫"赤白囊"，因为袋子是用红线掺白线编的，象征着赤口白舌。端午戴上赤白囊出门，是另外一种厌胜，寓意生活顺利，避免与人吵嘴。与一些仕宦人家端午节中午用朱砂在门楣上写"五月五日天中节，赤口白舌尽消灭"帖子，是一样的寓意。

除了挂在门前、戴在身上的，还有需要喝进肚子，才能由里到外都确保平安的辟邪之物，这就是菖蒲酒。朱淑真《端午》诗"强切菖蒲泛酒卮"，说的就是这个风俗。朱淑真虽然心情不好，但端午节到了，还勉强自己切菖蒲根浸酒。陈元靓《岁时广记》中说："端五，以菖蒲，或缕或屑泛酒。又坡词注云：近世五月五日，以菖蒲渍酒而饮。"这里说的是同一个习俗，人们把菖蒲叶子切成一条条或者切碎，泡在酒里，制成菖蒲酒饮用，还说苏东坡的词里也提到过这个做法。据《本草纲目》记载，菖蒲酒有通经活络、治多种风痹之症和骨头萎缩的作用。可见，端午饮菖蒲酒还有一定的医学上的依据。

到后来，这个习俗演变成雄黄烧酒泡菖蒲的做法。钟毓龙在《说杭州》中记载了杭州人用削菖蒲根浸泡雄黄烧酒来制菖蒲酒的方法。杭州谚语云："五月五，雄黄烧酒过端午。"在江浙一带，人们普遍认为菖蒲雄黄酒威力可比猛虎，能辟邪魅。丰子恺先生对老家嘉兴端午节喷雄黄酒的习俗也念念不忘："到了正午，又把一包雄黄放在一大碗绍兴酒里，调匀了，叫祁官拿到每间屋的角落里去，用口来喷。喷剩的浓雄黄，用指蘸了，在每一扇门上写王字。"[1]《白蛇传》中白素贞就是对此认识不足，在端午节饮下雄黄酒后中招显出原形的。《白蛇传》源自民间传说，这情节恰好反映了杭州民间端午节喝雄黄酒的习俗。

古人还相信端午节药草的药性最强，所以有端午采百草的做法。吴自牧《梦粱录》就认为这天采来的草药"藏之果有灵验"。《太平广记》记载了一个卖草药的老妇人，趁着端午节做生意，在大街上高声叫卖相思药，引来许多人围观。老妇人取出山中采来的草药，卖给有钱人家的妇女，据说吃了可以更有魅力。还拿出两粒小石头，说是端午节的时候从喜鹊的巢穴中取出的，叫鹊枕，具有非常神奇的功效。结果很快就被人用头上的金簪换走了。

除了菖蒲酒，杭州人端午还讲究吃"五黄"，即雄黄酒、黄鱼、黄瓜、蛋黄、黄鳝，农历五月，也因此被称为"五黄月"。吃"五黄"的源头已经不可考，有可能与系五彩索类似，以"五黄"对应"五行"，具有特殊的象征力量。

周作人有一部很有意思的作品《儿童杂事诗》，以七言绝句的形式描写儿童生活和故事，涉及民俗、名物、典故等诸多方面。其中有写绍兴端午的："端午须当吃五黄，枇杷石首得新尝。黄瓜好配黄梅子，更有雄黄烧酒香。"[2]这里的石首是黄鱼，瓜果多了枇杷、黄梅，但少了蛋黄、黄鳝，与杭州则又有所不同了。

三、悟空看病与吃粽子

端午节最重要的还是吃粽子。

①丰子恺：《端阳乙旧》，载《丰子恺散文全编 下》，浙江文艺出版社，1992年，第219页。

②周作人：《丙戌岁暮杂诗》，载《老虎桥杂诗》，河北教育出版社，2002年，第57页。

〔明〕陈洪绶
《斗草图》中
端阳时节，仕
女围坐石下斗
草为戏

一个端午节，如果没有粽子，好像就不是端午节了。吃粽子的文化不但在中国人中根深蒂固，还漂洋过海，影响到了国外。《西游记》第六十九回《心主夜间修药物　君王筵上论妖邪》写到三藏师徒一路西行来到朱紫国，正碰到国王吃粽子生病不能上朝治理政事，贴出黄榜招纳贤士为自己治病。

原来这个国王是吃粽子的时候受到了妖精惊吓，粽子凝滞在内，吃坏肚子了。后来，还是孙悟空用几味中药，加上白龙马的尿和锅底灰，做成"乌金丹"，还让东海龙王打了个喷嚏，下了一阵雨作药引，那国王吞下药后，果然疗效神奇，马上便拉下一堆秽污痰涎，除了病根，精神抖擞了。

《西游记》书中说到的朱紫国在西牛贺州，具体要经过荆棘岭、小雷音、七绝山，然后才是朱紫国。可见端午吃粽子的风俗，已经走出国门，影响世界了。

粽子也叫"糉""角黍""筒粽"。吃粽子的起源有很多传说，有祭拜屈原，还有纪念勾践、介子推、曹娥等等多种说法。如南朝吴均《续齐谐记》就记载："屈原五月五日投汨罗水，楚人哀之。至此日，以竹筒子贮米投水以祭之。"因为屈原的影响，这种说法被人们普遍接受认可。但以闻一多先生为代表，有不少学者提出了另外的假想，并逐渐找到了更早的文献证据。如最早记载"角黍"的史料，西晋周处的《风土记》就已经有端午吃粽子的记载：

> 俗重五日与夏至同。先节一日，又以菰叶裹粘米，以栗枣灰汁煮，令熟，节日啖。煮肥龟，令极熟，去骨加盐豉蒜蓼，名曰葅龟黏米。一名粽，一曰角黍。盖取阴阳尚包裹之象也。龟甲表肉里，阳内阴外之形，

所以赞时也。

这段话详细介绍了粽子的用料和做法，用粘米、菰叶，还要加上龟肉、豆豉，程序非常讲究，可见吃粽子"赞时"做法已经比较普遍。最后两句解释了粽子的含义：象征着阴阳未分的混沌的状态。用龟肉包在外面，是因为乌龟象征阴，黍为火谷，象征阳，取阴包阳之义。所以端午吃粽子，是古人根据阴阳五行，适应节令变化的一种方法。

古人吃粽子，花样繁多。陈元靓《岁时广记》中提到的粽子，有角粽、锥粽、菱粽、筒粽、秤锤粽、九子粽等不同品种。这些粽子形状各异，馅料也不一样，这说明口感永远是"吃货"们的追求。宋朝的时候，粽子

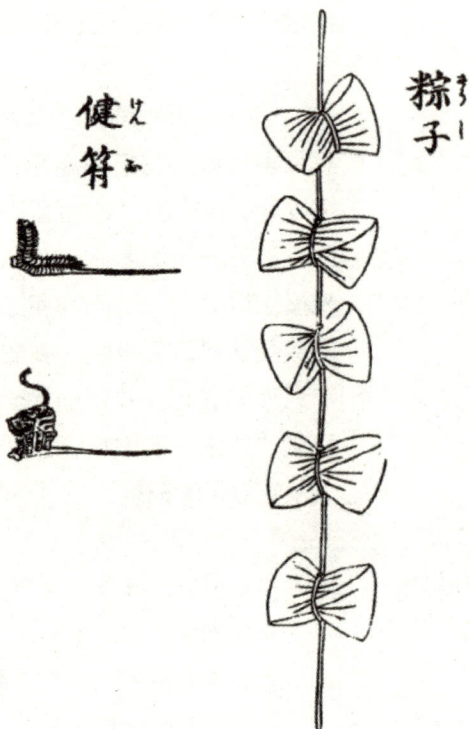

《清俗纪闻》中的
粽子图

的馅里已经出现了红枣、糖、松、栗、胡桃、姜、桂、麝香等物，宋人还发现了用艾草灰淋汁和粽子一起煮，可以使粽子味道香糯，其色如金。宋黄裳的端午词"角黍包金，香蒲切玉"，指的就是这种灰汁粽。

　　唐代著名诗人元稹有诗句"绿粽新菱实，金丸小木奴"，这是一种小丸子般大小的"迷你萌粽"，用新出的嫩菱作馅。苏轼喜欢杨梅粽，"不独盘中见卢橘，时于粽里得杨梅"，说明那时候流行以时新水果为粽馅。清代林苏门诗句"豚蒸和粳米，白腻透纤红。细箬轻轻裹，浓香粒粒融"，则透露了他对火腿粽的心心念念。唐玄

〔清〕徐扬《端阳故事图册·裹角黍》

宗喜欢九种不同色彩丝线缚成的"九子粽"，讨取多子多福的兆头。参加科举考试的童生喜欢吃细长的"笔粽"、枣粽，希望自己考场顺利，早日高中。

粽子不但品种多，吃粽子的花样也不少。宋陆游《过邻家》诗句"端午数日间，更约同解粽"，反映了古人吃粽子时的一个习俗"解粽"，也叫"赌粽"：几个亲朋好友一起，在艾草灰汤的香味里，解开青青的菰叶，比赛看谁的叶片最长，意味着谁就会一年顺利健康。一时间，欢声笑语，其乐融融。陆游非常喜欢这种"粽子派对"，有一年因为解粽之后没人一起喝酒，他都觉得这个节日白过了，郁闷非常："盘中共解青菰粽，衰甚犹簪艾一枝。寂寞废诗仍止酒，今年真负此佳时。"

每年端午，杭州市井之间的气氛是非常热闹的。商铺里用粽子摆出楼阁、亭子、车儿各种花样，有生意上门，就会劝人喝菖蒲酒。城内外家家都插菖蒲、石榴、蜀葵花、栀子花，就算贫困小家，买不起花瓶，也要用小坛子插一坛花供养。"盖乡土风俗如此，寻常无花供养，却不相笑，惟重午不可无花供养。"

吴自牧《梦粱录》卷三记载："杭都风俗，自初一日至端午日，家家买桃、柳、葵、榴、蒲叶、伏道，又并市茭、粽、五色水团、时果、五色瘟纸，当门供养。自隔宿及五更，沿门唱卖声，满街不绝。"节日的准备从初一就开始了，从隔天夜里，一直到凌晨天亮，满城都能听到小贩沿街叫卖的声音。端午节，每个杭州人都会在粽子的清香和清脆的市声中醒来。

宋朝有一位杭州诗人，创造了诗歌历史之最——留下诗句最少，只有一句："愿得年年，长共我儿解粽。"这个人就是宋代的李之问，他的诗词只留下这几个字了。

〔清〕边寿民《端午即景图》中的花供

之所以被人记住，我想，让人难忘的不是诗歌和粽子，而是这背后的文化和记忆，是诗句里面的善良和祝愿，打动了不同时代，不同的人们吧。

是啊，有谁能够淡忘那记忆深处的清香呢？

女儿心事谁知晓：乞巧节

岁
时
风
俗
相
传
久

HANG

ZHOU

郁达夫在散文《杂谈七月》中说到，七夕牛郎织女的传说，是民间传说中最有诗味的。[1]这诗味就来自这深邃的星图，隔河而望的两颗星辰，总是会引发人们美好的想象和思考。

《诗经·小雅·大东》，记叙了一位古代农人对星空的观察与想象。在他看来，织女、牵牛双星也应该与人间一样忙碌着，去织布拉车。而到了《古诗十九首》中，人们对织女、牵牛双星的想象就更具体了，织女的形象，幽怨的微妙，都表达得历历如在目前。

明代冯应京《月令广义·七月令》、清代褚人获《坚瓠集》都记载了牵牛织女的故事。织女原本是天帝的孙女，居住在天河的东面，每天在织布机上忙碌着用云霞织成天衣，忙得都没时间整理容貌。天帝非常怜惜她，把她嫁给天河之西的牵牛星。想不到她婚后就把织衣服的事情给忘了，天帝生气了，让她回到河东，一年才能与牵牛星相会一次。那一天会有乌鹊在天上搭成桥梁，让织女通过天河。[2]

① 郁达夫：《郁达夫散文集》，北方文艺出版社，2019年，第225页。
② 参考袁珂、周明编撰《中国神话资料萃编》有关资料，四川省社会科学院出版社，1985年，第113页。

这个故事虽然简单，但已经具有了牛郎织女传说的基本轮廓，而且同样具有牛郎织女传说的诗意和温情。用云霞织衣，只有天上才有；婚后两情缱绻忘记工作，又多么符合凡间小儿女的情形。

仙气和尘缘俱有，这正是七夕节独特的气质。

一、最牛的旅游是一不小心就到了银河

西晋张华《博物志》记载了一个非常奇妙的故事：

有一个住在海边的人，发现了一个神奇的现象：每年八月份的时候，有浮槎（木筏）往来于大海与天河之间。固定时间、固定地点，颇有点像来往太空与地球之间的班车飞船。他不由得产生了好奇心，便异想天开地搭上船去探险了。他准备得也很充分，在上面搭了一间小阁子，

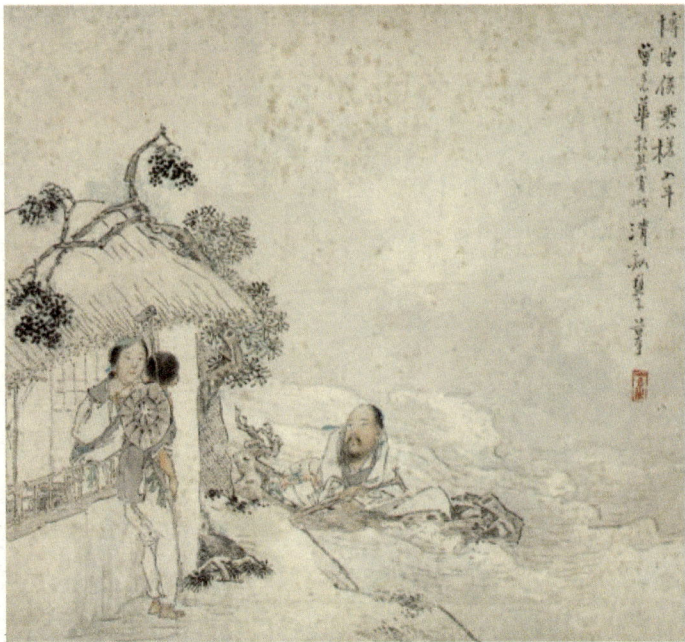

〔清〕钱慧安《乘槎入斗图》

又带足了干粮。前面十来天还能看到日月星辰，后来就"茫茫忽忽"分不清日夜了。

神奇的是，这样行驶十多个昼夜之后，居然来到了天河，看到有女子织布，男子牵牛饮水。更加神奇的是，蜀中一个术士观察到了星象变化，看到有客星侵入牛郎、织女星座。①

这真是一个引人遐想的故事。人间与天河以某种神奇的方式相沟通，世俗世界与神仙世界也以某种奇特的方式联系着。这种大胆浪漫的想象吸引了无数人，生发出不少新的幻想故事。

自两晋之后，"八月槎"的故事就成了七夕文化的一个组成元素了，不仅见于历代文人七夕诗歌的创作之中，还成为后世戏剧家、画家喜爱的创作题材。比如苏轼就非常喜欢这个传说，他写过几首七夕词，都用了这个典故。如元祐年间他送给同僚苏坚的一首词《鹊桥仙·七夕和苏坚韵》：

> 乘槎归去，成都何在，万里江沱汉漾。与君各赋一篇诗，留织女、鸳鸯机上。　　还将旧曲，重赓新韵，须信吾侪天放。人生何处不儿嬉，看乞巧、朱楼彩舫。

苏坚是苏州人。苏轼出任杭州知州时，苏坚任杭州监税官。两人都在异地为官，常以诗歌唱和，抒发思乡念远的愁情。词借"乘槎入斗"的故事，表达云山相隔，思归路远的幽思；但又愁中寓乐，鼓励朋友要乘着七夕佳节，把思乡之情，写成佳作，留在织女的织布机上。这首词想象之奇特，意境之阔大，让后来的同样是大诗人的陆游，深为叹服，说苏轼此篇，居然写出了星汉上人语，唱到曲终，更是感觉天风海雨逼人。

①〔晋〕张华：《博物志》卷十，载刘坤等编《梦粱录（外四种）》，黑龙江人民出版社，2003年，第462页。

〔清〕《仙人乘槎图立轴》

陆游这句评语，意思是说苏轼以自己不羁的才思，把他乡宦旅的感慨融入牛郎织女的神话，写出了缥缈的仙气。冯梦龙《醒世恒言》中的《薛录事鱼服证仙》，让一位进士体会了一条鲤鱼的生活，同样也是让人觉得空灵剔透，充满仙气。

蜀中青城代理知县薛伟，七夕节的时候，不小心受了风寒，连续多天发烧不醒。高热难耐之中，薛伟不知不觉出了衙斋，来到大江边，倏忽之间，跳入江里取凉，由此化为一条金色鲤鱼。从此三江五湖，随意遨游，十分快乐。后来忍不过钓饵引诱，被渔翁钓去，送到了县府衙门。最后，被厨工提到厨下，取过一个砧板，一刀将鱼头剁下。这时，睡在病床上的薛伟猛然跳起，才知道自己在病中已经做了二十五天梦了。自此他悟透了前世今生，飘然成仙而去。

这可算是一个仙人版的"变形记"，或者是一个变形版的"八月槎"游记了。薛录事从仕宦到江湖，自人变鱼，又被人钓起回到县衙。是耶非耶，人耶鱼耶，真是庄生尤在梦中，何处可得超脱？

这些关于七夕的想象，与杭州有什么关系呢？明朝诗人区大相①有一首诗《使过杭州船中七夕》写得特别好，抄录如下：

> 南国秋砧起，西湖夕泛归。
> 桥文依鹊远，槎影入河微。
> 粉席连堤幕，针楼动水扉。
> 明朝访卜肆，定自识支机。

① 字用孺，号海目，广东佛山人。官翰林检讨、同修国史、掌制诰。

区大相是广东佛山人，万历十七年（1589）入朝为官，"掌制诰"长达十五年。"掌制诰"就是负责草拟诏令文书，这个位置在古代非常重要，几乎可以等于当时文坛的盟主。大概在万历二十三年（1595）前后，区大相奉旨册封藩属，途经慕名已久的杭州，在西湖上泛舟游玩了一天。直至夕阳西下，鸟雀喧林，区大相还不舍得从湖上归来。

这天正好是七夕节，秋风初起，湖光浩渺。站在船上，依稀可见富贵家庭搭起高台楼榭，已经摆开了香案瓜果，准备拜月斗巧了。岸边仕女行人历历如绘，还有人在水边空地铺开帷幕坐席，准备在湖边赏月了。夜色渐浓，寒意初生，不知什么时候传来一声鸟叫，回头而望，只见一只灰色的雀鸟正从远处拱桥上空飞过。

此情此景，恍惚之间，真不知身在西湖，还是在银河，所乘坐的是租来的渔船，还是"八月槎"了。区大相觉得这次西湖游，是到了天河仙境，明天找一个卜卦人，他一定会说有客星入斗吧。

二、从沈复的两枚印章说起

与苏轼、区大相对超脱尘世和神仙生活的向往不同，在清代文人沈复①看来，七夕就是一个自日常琐碎之间暂时脱身，回归诗意审美生活的象征。

一年七夕，沈复与妻子陈芸准备香烛和瓜果，在家中拜织女。沈复镌刻了两枚印章，"愿生生世世为夫妇"，一个是阳文印，一个是阴文印，一人一枚，作为两人书信来往的闲章。以此作为七夕节的礼物，真是情意绵绵，估计连神仙看见都要艳羡不已吧。

沈复是江苏人，但曾在杭州从学于赵省斋先生门下，对杭州风土人情颇为熟悉。他最出名的著作就是《浮生六记》，往往以纯朴的文笔，记叙平凡而又充满情趣的

①清代文学家，工散文诗画，其自传体散文《浮生六记》影响甚大。

家居生活；以布衣蔬食的平淡，反映出志趣投合、两心相印的夫妻感情。

不同于乘槎派的诗意浪漫，沈复代表着七夕文化的另一派别——温情派：祈求人世间的爱情幸福。这一派别最为著名的代表，就是唐玄宗和杨贵妃。沈复在七夕拜月时送给妻子的礼物是两枚印章，唐玄宗送给杨贵妃的则是金钗钿盒，寓意"情似金坚，钗不单分盒永完"。

杭州人洪昇在《长生殿》中对唐明皇和杨贵妃的七夕乞巧故事作了戏剧化的描写。乞巧需要准备的物件有

古本《长生殿》插图

香盒、纨扇、瓶花、化生金盆、蜘蛛，准备好之后，是杨贵妃点香祭拜双星。躲在旁边偷听的唐明皇就是这样被感动，然后两人一起立下"愿世世生生，共为夫妇"的海誓山盟的。

有意思的是，洪昇还安排了牛郎织女两人在天上旁听，牛郎为两人的爱情所感动，非常负责任地与织女说："况他又向我等设盟，须索与他保护。"这朴素有趣的话语，说明牛郎虽然成了天上神仙，还是保持着农村人的实诚性格。从"八月槎"到"长生殿"，虽然追求的目的有别，一为仙缘，一为尘缘，但基本的模式是相通的，都是希望求得比世俗更为美好的生活。

三、蛛丝卜巧：你想象不到的智商检测方式

洪昇是清代杭州人，他在《长生殿》中的描写大致上反映了当时杭州人七夕祭星的情形，但还比较简略。更具体的情形我们可以在娜嬛山樵所著的《补红楼梦》中找到。书中第四十二回，桂哥等几个小孩问薛宝钗七夕怎么乞巧，薛宝钗非常具体地作了回答：

> 那穿的是七孔针，这会子也没这个东西，只好摆列瓜果，焚香祭拜双星。然后各人用小盒子一个，里面放上一个极小的蜘蛛在内，供在桌上，等明儿早上开看。如里面结成小网有钱一般大的，便为"得巧"。也还有结网不圆不全的，又次之也还有全然不结网的。

说完之后，宝钗就教玉箫、紫箫两个去吩咐外面备办了瓜果、供献、香案之类进来，再准备了十来个雕漆小香盒，用来盛乞巧的蜘蛛。蜘蛛还需乞巧的人自己预先找来放着，"只要小绿豆儿大，越小越好"。小说

中写的这段故事，非常详细地反映了一个世族家庭的七夕乞巧情形，包括祭拜双星、穿七孔针、蛛丝卜巧等环节。

"拜织女"是七夕节的主要场景。节日未到，闺阁中的少女们就早早做好准备了，置办时新水果，布置鲜花香炉，约好亲朋好友。七夕当晚就在月光之下，面对天空遥远的双星，许下少女内心对未来生活朦胧而幸福的心愿。焚香礼拜后，大家一起围坐在庭院之中，一面吃着花生瓜子，一面开着玩笑，在一种神秘的氛围中，经历了一次人生成长教育。

"幼女才六岁，未知巧与拙。向夜在堂前，学人拜新月。"这番情景在中晚唐诗人施肩吾的《幼女词》里有生动的体现。一个才六岁的小女孩儿，耳濡目染之下，虽然还不懂大人的世界，不知道巧与拙对一个女孩意味着什么，但是也能像模像样地来到堂前，学着大人"拜新月"。她的态度是那么郑重其事，她的行为却是那么幼稚、滑稽，让人忍俊不禁。这首诗，以大人视角下儿童的天真举动，反衬出七夕节俗的隆重氛围。

施肩吾是杭州第一位状元[①]，然而淡于名利，不待授官，即归隐山林。晚年，施肩吾怀着寻找避世桃花源的梦想，带领族人乡邻，乘木船渡海，最终到达了澎湖列岛。他带去了先进的生产技术，与当地人一起生产劳动，被后人誉为"开发澎湖的先驱者"。这可算是"八月槎"传说的现实版本了。

除了祭星许愿，还有各种卜巧乞巧的方式，其名目之繁多，方式之别致，切实体现了古代女子的蕙心兰质。因为乞巧是女子的活动，与女红有关的"针"，自然就成了乞巧的主要道具。"穿针乞巧""丢巧针""浮针

[①] 施肩吾，唐睦州分水县桐岘乡，（今杭州市富阳区洞桥镇）人。唐宪宗元和十五年（820）举进士，后被钦点为状元。

取巧"等各种活动，成了人们乞巧赛巧的有趣方式。

月亮的清辉下，年轻的女子们手拿七孔针，对着月光穿针引线，谁先穿过就是"得巧"。这不但要心灵手巧，还需要熟练的女红技艺。据史料记载，乞巧所用的针线都是特制的。线是五彩丝线，针用金、银、黄铜制作，七孔最为常见，也有双眼、五孔、九孔等不同的规格。

南朝梁宗懔《荆楚岁时记》说："七月七日，为牵牛、织女聚会之夜。……是夕，人家妇女结彩缕，穿七孔针，或以金银输石为针，陈几筵、酒脯、瓜果于庭中以乞巧。有蟢子网于瓜上，则以为符应。"这里所说的"彩缕"，就是指彩线。"穿七孔针"，就是女子比赛用彩色丝线来回穿过有七个针眼的"乞巧针"，穿得快的人便表示"乞"到"巧"了。宋金盈之《醉翁谈录》说"其实此针不可用也"，这种针并不能用来缝衣服，只用于乞巧。唐宫廷为了在七夕举行乞巧活动，还专门设立了主管进献七孔针的机构。《唐六典》卷二十二《少府监·中尚署》记载："（每年）七月七日，进七孔金细针。"①

也有双眼针和九尾针，如南朝刘孝威有一首很优美的七夕诗，写一位女子在七夕之夜，想用"双眼针"缝制一把扇子，送给自己的爱人。"缕乱恐风来，衫轻羞指现。故穿双眼针，特缝合欢扇。"②你看她的动作是多么轻柔，优雅之中又隐含一点慌乱，穿针的时候，怕风吹乱了丝线；举起双手，又担心轻盈的衣袖遮不住纤细的五指。所以，她应该是双手藏在衣袖之中，缝好了这把扇子吧。这得要多么高超的技艺呢！

还有"丢巧针"的游戏。方法是拿一碗水放在阳光下曝晒，等水面产生一层薄膜，再将平日缝衣或绣花的

杭州风俗 HANG ZHOU

〔明〕仇英《乞巧图》

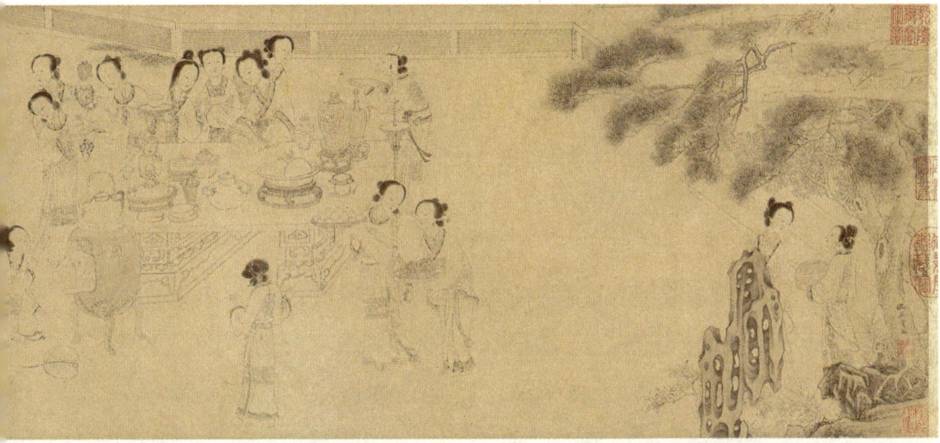

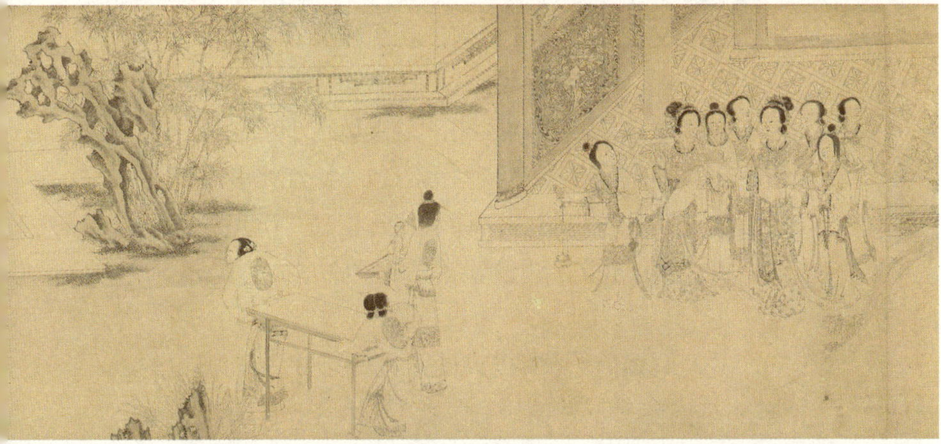

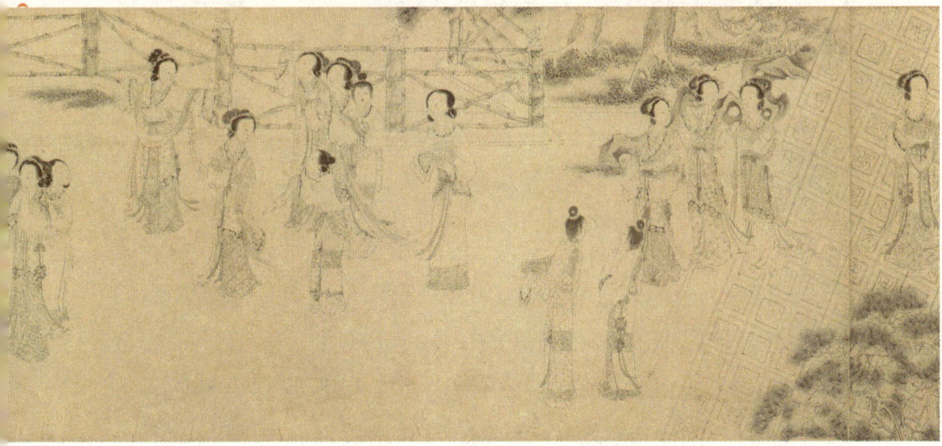

针投入水碗中，针就会浮于水面上。这时候大家就纷纷拥上前来观看水底的针影了：有像云朵花卉的，有像飞鸟走兽的，有像鞋子剪刀的，也有像茄子水果的。针影像这些图案，便是"乞"到"巧"了。如果影子粗如棒槌，细如丝线，直得像蜡烛，没什么花样变化，就是笨拙的征兆，丢出针影的那位女子就要郁闷一段时间了。①

穿针和丢针都是技术活，很有难度，因此最为喜闻乐见的乞巧方式还是喜蛛乞巧。宗懔《荆楚岁时记》中所说的"有蟢子网于瓜上，则以为符应"，就是最早关于喜蛛乞巧的记载。"蟢子"，是一种红色长腿的小蜘蛛，如果蟢子爬到瓜果上来结网，就意味着喜事到家，得到织女的青睐了。到了唐代，人们就有点"作弊"的意思了：等不到蜘蛛来结网，就去抓一只来放在小盒子内，看它结不结网，以网多圆正者为得巧。《补红楼梦》里薛宝钗教小孩们的乞巧做法，基本与此相同，可见唐俗的蛛网验巧之法，成了后世测验智巧的主流方式了。②

古人们相信七夕的乞巧是会被天上的神仙听见的。张岱《夜航船》记载，蔡州有位姓丁的女子，十分擅长女红，每年七夕都以酒水果品向织女祈祷。有一年乞巧时，她看到一枚流星掉在她的香案上，第二天早上一看，原来是只金梭。从此之后，她就"巧思益进"，变得非常聪明了。

《太平广记》卷六十一也记载了一个神异的故事。唐肃宗时一位官宦人家的女儿郑采娘，七夕向织女祈祷后，夜里梦见织女乘着羽盖华车出现在空中，赠给她一枚金针，让她将金针藏放在裙带内，并告诉她要保持三天不说话，如果能做到，就会变得非常灵巧，如果做不到，就会变成男子。可惜她忍不住告诉了母亲，解开裙带看时，金针已经悄然无踪，裙带上针痕犹在。

①〔明〕刘侗、于奕正《帝京景物略》对此风俗有非常具体的记载。
②参见《开元天宝遗事》卷下《蛛丝卜巧》记载："又各捉蜘蛛于小盒中，至晓开视蛛网稀密，以为得巧之候；密者言巧多，稀者言巧少。民间亦效之。"

故事虽然有些荒诞不经，但从中我们可以感受到七夕节俗的那种隆重氛围。人们相信通过虔诚的祈祷，天上两颗明亮的星辰会听到自己的声音，能帮助自己实现尘世的愿望。吴自牧《梦粱录》卷四记载了杭州七夕节这种浓厚的氛围：

> 七月七日，谓之"七夕节"。其日晚晡时，倾城儿童女子，不论贫富，皆着新衣。富贵之家，于高楼危榭，安排筵会，以赏节序，又于广庭中设香案及酒果，遂令女郎望月，瞻斗列拜，次乞巧于女、牛。或取小蜘蛛，以金银小盒儿盛之，次早观其网丝圆正，名曰"得巧"。

古时的杭州，七夕节是非常热闹的。富贵之家要在高楼危榭之上，大摆筵席过节日；普通百姓也会让小孩们穿上新衣服，家家户户在庭院中摆设香案，陈列酒水瓜果祭拜双星。女孩子们要对月乞巧，顽皮的男孩子们，手里举着荷花叶，装扮成磨喝乐①的样子，到处去抓捕小蜘蛛，第二天天没亮就会急急忙忙去看蛛网结得怎么样了。

这种风俗一直延续到民国时期，钟毓龙《说杭州》书中就同样记载了七夕杭州有对月穿针、吃巧果、丢巧针、蜘蛛验巧等风俗。不过丢巧针所用的水，需雨水和井水各一半，放在户外一夜，待第二天水上结了一层薄膜，再投针浮水验巧，似乎比《帝京景物略》所记又更为翔实。书中还说到杭州皋亭山西面有龙珠山，因钱王曾经在此乞巧，所以又名巧山。可见杭州七夕风俗历史之久远，影响之广泛。

① 宋时七夕节流行的小泥偶。

那些"年"，那些味

"一夜连双岁，五更分二年"，在中国所有的节日中，过年是总结性的，也是过渡性的，既代表着旧的一年的结束，又标志着新的一年的开始。送灶神、祭祖先、换春联、贴门神、分岁酒、放爆竹、拜新年，还有赛神、庙会、舞龙灯种种活动，凝聚着过去一年丰收的欢乐，承载着新的一年顺利平安的期盼，让人们在节日的欢乐中忘记日常生活的琐碎，参与到一个更为广阔的诗意的空间。

林语堂先生在《庆祝旧历元旦》一文里说道："阴历新年，是中国人一年中最大的佳节，其他节日，似乎均少节期的意味。"这个"大"，既体现在重要程度上，也体现在热闹程度上，还体现在人们对它的喜欢程度上吧。

过年，对中国人来说，既是节日，也具有"家园"的含义。

一、凤姐忙的那个年

杭州风俗，过了腊月二十三小年，人们就要开始忙碌了。这种忙碌在《红楼梦》里有很生动的描写，就在

第五十三回"宁国府除夕祭宗祠　荣国府元宵开夜宴"。贾府是怎么过年的呢？按照书中所写，有置办年货、打扫宗祠、催取佃租、分发年货、换门神对联、进宫朝贺、祭拜祖宗、烧松柏火盆、喝分岁酒等等事项。一个大家族，这么多事情，怪不得把凤姐这个"女强人"都忙坏了。

《红楼梦》里写的是北方人过年，但与杭州的情况基本符合。周密《武林旧事》中就说过，杭州的年俗大都沿袭了北宋汴京的做法："如饮屠苏、百事吉、胶牙饧、烧术、卖懵等事，率多东都之遗风焉。"

年节没到，家家户户都开始忙着置办年货了，街市店铺这时候比平时明显人多了，一些店面还早早张灯结彩，吸引顾客，营造年节气氛。鼓楼朝天门内外街道上，摆满了彩色封面的新台历、大小规格不同的门神、桃符钟馗像、春帖幡胜①，节日物品的售卖异常火爆。连一向清净详和的寺院道观，这时候都备下了大量的驱邪迎春之物，馈赠关系好的人家；药店医家，也早定做了紫色香囊，里面装上虎头丹、八神屠苏等药物，送给顾客，称为"腊药"。道路上，络绎不绝的都是提着馈岁盘盒、挑着酒水羊肉走亲送礼的人们。杭州的年节，充满了世俗人情，又呈现着都市的繁荣。范祖述在《杭俗遗风》里就写道：

> 将近年边，大街店面均挂灯结彩，赶趁年市。其街上肩挑担负者，亦多于平日。即人家亦皆冗忙。

这种忙碌，是普通家庭过年常见的情景。清代小说《醒世姻缘传》里就写到晁大舍在生病的情况下，为了准备过年，家里还是忙了一堆事情：

> 因年节近了，在家打点浇蜡烛，炸果子，杀猪，

① 春帖，又称春帖子、春端帖，有斗方、合字斗方、门心等多种形式，多为五、七言绝句。幡胜，即春旗、春胜，一种可以悬挂或佩戴的小彩饰，多为旗子或飞鸟形状。

〔清〕金廷标《岁朝图》

央人写对联，买门神纸马，请香，送年礼，看着人榨酒，打扫家庙，……不觉的到了除夕，忙乱到三更天气。

这段文字以小说家的文笔，具体呈现了一个中等之家年节前要忙的事情。比如年猪是杭州人要准备的一大年货。冬至前就开始杀猪，或者向肉铺定买猪头。选皱纹如寿字者为佳，谓之"寿字猪头"。卖肉者送猪头上门，不能说送猪头来了，要说"送元宝来了"。然后腌透风干，以备岁终敬神祭祖之用。清朝杭州文人黄模还专门写过一首《猪头肉》诗，称赞杭州猪头肉的风味。[①]

"二十四，扫扬尘。"大扫除，也是年节前要忙的一件事情。包括打扫房屋内外、清洗器具、拆洗被褥窗帘、掸拂尘垢蛛网，含有除旧迎新的意思。钟毓龙《说杭州》记载，进入腊月之后，杭州人一定会拿出黄历选择一个适宜扫舍宇的日子，打扫卫生，俗称"掸尘"。通常用大竹枝扎一个大扫帚，缚在一根长杆子上，屋角檐隙，桌椅什物，无不仔细打扫，清洗干净。一年之中，以这次清扫最为彻底，一般要在二十日之前完成。用完的扫帚，还有送灶神或者请年纸送神引火之用。[②]

收款催账，也是年底一项麻烦的事情。有钱人担心讨不回账，穷人操心还不起债。旧时杭州人有一首避债的歌谣，生动地说出了债主和欠债者之间的无奈和尴尬："年廿七，勿着急；年廿八，我想法；年廿九，有有有；三十一日不见面，元旦碰见拱拱手。"[③]据钟毓龙《说杭州》记载，除夕夜是收债的最后期限。这天晚上，各大商店通宵不休息，讨债的人手拿灯笼，一直奔走到黎明。灯笼中的蜡烛不能熄灭，如果熄灭了，就说明自己认为已经是元旦了，不能再讨债了。而寻常欠债人家，年底

①黄模《猪头肉》诗："隔岁留神惠，含膘笑嘴长。使君能寿考，肉食遂连乡。取作元阳窬，谁夸黑面郎。郭公曾荐酒，风味纪吾杭。"

②钟毓龙：《说杭州》，浙江人民出版社，1983年，第341页。

③同注②，第343页。

是最为难过的时候，有的人往往躲到寺院等偏僻的地方去避债。

二、桃符频换句难新

换春联、贴门神，是年底前家家户户都要忙乎的事儿。干干净净的门庭，色彩鲜艳的春联，烘托出一派红红火火的过年气氛。《红楼梦》第五十三回就说道："已到了腊月二十九日了，各色齐备，两府中都换了门神、联对、挂牌，新油了桃符，焕然一新。"

这里说到的桃符，指的就是春联。古人相信桃木有镇祟驱邪的神奇作用，就在桃木板上绘上"神荼""郁垒"的像，或者写上两位神灵的名字，悬挂于大门上，祈福辟邪。慢慢地人们开始在桃符上题写一些吉祥语，后逐渐发展成对联，并最终形成了贴春联的习俗。

宋时年节，杭州市井商铺里到处都卖着印制好的门神、钟馗、桃板、桃符。《梦粱录》卷六详细地描绘了除夕之夜，杭州人钉桃符、贴春牌等情形："士庶家不论大小家，俱洒扫门闾，去尘秽，净庭户，换门神，挂钟馗，钉桃符，贴春牌，祭祀祖宗。"这说明宋朝时流行的还是钉桃符、贴春牌。明、清以来，春联才逐渐流行，桃符也就成为春联的代称了。清人顾光在《武林新年杂咏》"春联"条下题注中说："（春联）即古桃符板也。"清代富察敦崇《燕京岁时记》也记载："春联者，即桃符也。……祭灶之后，则渐次粘挂。千门万户，焕然一新，或用朱笺，或用红纸。"

从桃符演变成春联，还有一个流传甚广的故事。《岁时广记》卷四十记，一年春节前，后蜀主孟昶要翰林学士辛寅逊作两句诗，写在桃符上。辛学士献上的两句诗

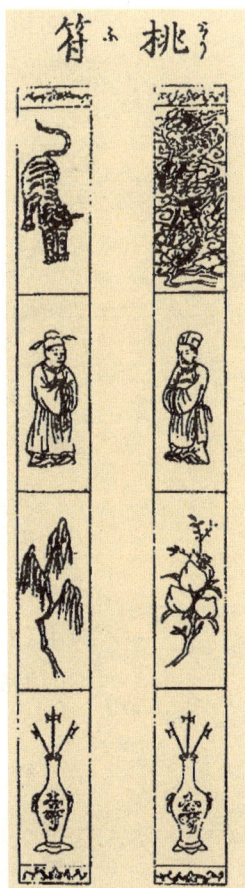

《清俗纪闻》中的桃符图

是："新年纳余庆，嘉节号长春。"孟昶一看，非常高兴，就拿来悬挂在自己寝宫大门之上了。过了新年，宋朝的军队平定了四川，大宋参知政事吕余庆接管了成都。长春节原是赵匡胤的诞辰纪念日，归宋之后，蜀国人民可不就要过长春节了吗？一语中的，桃符上的两句吉语，正好对应了历史的走向。

这个故事，虽然事有凑巧，但确实反映了古人对桃符或春联的重视，认为春联预兆着新一年的好运。南宋杭州人洪迈《夷坚志》中记载了一个故事：宋孝宗淳熙十一年（1184）春节，王禹偁的孙子王汾在学校里写了一对桃符："竞说素王颜有喜；定知黄甲捷先通。"他的同学里面有一个人名叫王南强，因跟同舍发生矛盾冲突，事后很后悔，就把名字改为"容"，以此警醒自己。这年省试，王容的哥哥就以这个名字帮他报了名。刚考完试，王容就得到兄长病亡的噩耗，于是连忙赶回家。还在路上，就接到了报榜的信息，说他已经通过了省试，获得殿试资格。

回到家后，他的老师舒谊过来祝贺。说到王汾的这副联对，老师突然醒悟过来："这个'王'不就是你的姓吗？那'颜'，不就是你的名字'容'吗？素王，不正是说，因为兄长去世，所以你只能穿素？你还没到家，报榜的来了，不就是'捷先通'吗？可见你之后一定还会登上黄甲（排名靠前的进士）！"这年省试，王容中了第一名，但因为兄长丧事没参加殿试，无缘黄甲。

舒老师的说法在当地读书人中流传开来，到了第二年春天，县学有个补试，有个叫王仁伯的生员为了要应王汾的对联，就自己改名为王颜。想不到还真管用，这年乡试他竟得了第一名。到了淳熙十三年（1186）春天，王汾又写了一对桃符："素王颜色津津喜；黄甲科名鼎鼎来。"写完后王汾自己也感觉怪异，说："去年写的那对桃符符合了王南强的吉兆，这回写的会符合王南强还是王仁伯呢？我认为还是王南强。"

王颜中了本地解元（举人第一），踌躇满志，得意扬扬，却在这一年的省试中落了选；而王容却在随后的殿试中中了状元。将科举之成败与春联之趣如此紧密地联系在一起，古人之联想力不可谓不丰富。

但也有与春联有关而事情结果不好的，周密《癸辛杂识》记载，至元三十一年（1294）春节，杭州盐官县学教

杨柳青年画《换桃符》

杭州风俗

HANG ZHOU

谕黄谦之创作了一副春联"宜入新年怎生呵；百事大吉那般者"，讽刺元朝公文的俗气，结果遭人举报，被罢免了官职。估计这是因春联丢了工作的稀有案例之一了。

　　这些"段子"，说明了春联在文人士子间受欢迎的程度。顾光《武林新年杂咏》"春联"条后注中，讲到了杭州文人项溶的一件逸事："钱唐项溶，字霜田，少司马眉山公之次子也。幼有神童之目，时值元旦，行大街二三里，归述春联，无一误，众皆奇之。"①项溶很小的时候就喜欢看街道旁人家贴的春联，走过二三里的长街，回到家后，能把每副对联都一一重述出来。这说明项溶确实记忆过人，还说明了创作、评论春联，已经蔚然成风，对小孩都产生了很大的吸引力。

　　南宋诗人薛嵎有一首《新年换桃符》诗，说到了古人写春联的心境，可以帮助我们了解这种风气："桃符频换句难新，休对春风诉旧贫。近日儿童谈道学，几时征召及闲人。"薛嵎是永嘉诗派诗人，仕途并不得意，四十五岁才考中进士。这四句诗把怀才不遇的郁闷，与写春联时佳句难得的困难，放在一起相提并论，牢骚里又显示出一种知识分子自得其乐的趣味和孤傲。清朝时

①〔清〕顾光：《武林新年杂咏》，载《杭州文献集成》第4册，杭州出版社，2014年，第498页。

115

的浙派代表诗人吴锡麒[1]，也有一首《春联》诗："漫论千金值，红笺别有春。书生工属对，丽句必为邻。十字家声重，两行门榜新。涂鸦吾自笑，何事乞书频。"吴锡麒诗笔秀丽，名著公卿，与薛嵎际遇不同，写春联时的心境自然有别，虽然他只是信口聊以自遣，但慕名来求书者络绎不绝。

春联诗的出现，说明写春联已经成了文人生活的一个重要组成部分。春联具有了类似后世微博、朋友圈的功能，除了作为喜庆吉祥的迎春用语之外，人们还经常用其来表达自己的志向和境遇，发发牢骚，开开玩笑，内容也逐渐变得更为丰富了，从应景之作，拓展为抒情言志的一种方式。

三、除夕：那一场与时光的欢乐聚会

明朝杭州大藏书家郎瑛在《七修类稿》中认为，写杭州过年风俗的诗歌，以太学生沈宣[2]的《蝶恋花·除夕》为最佳，因为它道尽了中等以下人家的过年风俗，足以供人解颐。词云：

> 锣鼓儿童声聒耳，傍早关门，挂起新帘子。炮仗满街惊耗鬼，松柴烧在乌盆里。　　写就神荼并郁垒，细马送神，多著同兴纸。分岁酒阑扶醉起，阖门一夜齐欢喜。

写这首词的时候，沈宣还是杭州官学的在校生。这是一个很有意思的人，多才多艺，会喝酒，能写文章，工于诗画，才学为当政者所看重。但他有一个缺陷，就是耳朵重听，而且经常不完成作业。当时正好碰上吴原明做浙江董学[3]，看他疏于经学，就让人找他来，在水板上用草书写了一个大大的"聋"字，即让他写一首《耳聋》

①清代文学家，字圣征，号穀人，钱塘（今浙江杭州）人，曾为翰林院庶吉士、国子监祭酒。
②沈宣，字明德，明朝仁和（今浙江杭州）人，以诗名，好画山水。
③又称学政、学台，是主管一省教育、科考，巡视各府县师儒优劣、生员勤惰的官员。

诗。大概是想以此为契机，警醒他一番。想不到沈宣过来，远远地看见这个草写的"耳"字，有长长的竖脚，以为是个"打"字，连忙就逃走了。

沈宣这首除夕词，充满着除夕夜热闹的声音，锣鼓声、爆竹声、儿童的喧闹声。像他这样一个重听的人，还是觉得声音聒耳，这年节的气氛，可想而知有多少火爆了。全词在一派热闹的气氛中，详细刻画了杭州普通人家除夕夜晚放爆竹、烧松盆、写春联、送神、分岁酒、守岁等风俗，如一幅工笔写实的风俗画，充满着细节，又体现出整体的布局，是那么喜庆，却又那么严肃和神秘。

在一派欢乐、肃穆的气氛中，首先要做的是祭先接神。祭先，即祭祀祖先。《红楼梦》中对宁、荣二府除夕祭祖的场面，有一段详细的描写。祠堂上面居中悬着宁荣二祖遗像，皆是披蟒腰玉，两边还有几轴列祖遗影。贾府众人分昭穆排班立定，贾敬主祭，贾赦陪祭，贾珍献爵，贾琏、贾琮献帛，宝玉捧香。大家族的祭祀仪式，隆重而复杂，由除夕开始，要一直延续到正月十七送神主、撤天地桌为止。

普通人家没有这么大的排场，但也要挂出祖宗遗像，杭州人俗称"真纸"，按照辈分，一张张挂起来。有的人家遗像多的，就把几代人绘在一幅图上，名叫"三代容"或者"五代容"，但多数地方是供祖宗牌位。在牌位前摆上美酒佳肴、时令瓜果，点燃香纸蜡烛后，家长率子孙行礼叩拜。菜肴主要有猪大肠、鱼圆、肉圆、黄豆芽、落花生，或春饼裹肉丝等，取其顺利、团圆、如意等吉祥寓意，祭祀祖宗。[1]杭州诗人金张[2]《落灯夜收神子诗》云："若非除夜何能见，才过灯宵不可留。"所记的就是这一习俗。这里"神子"就是祖宗遗像，杭州人从除夕夜挂出，直到"落灯夜"（正月十八晚）才收好，

①钟毓龙：《说杭州》，浙江人民出版社，1983年，第343页。
②金张，字介山，浙江钱塘人，生平不详，约清康熙年间在世。工诗。

重新珍藏起来。

接神，即接灶神。旧俗腊月二十四夜送灶神上天，谓之祀灶。除夕午夜，要迎接灶神回来。取新购置的灶司神马贴好，设馔燃炉，迎神而祭。这里的神马，即沈宣词中的"细马"，不是纸糊的马，也不是很小的马，而是指神像。如灶神就是"灶马"，财神就是"财神马"。《燕京岁时记》解释了这个称呼的来由："京师谓神像为神马儿，不敢斥言神也。"可见这是对神的一种敬称，有点类似于称对方为阁下。清顾光《武林新年杂咏》则认为，此纸为神灵所凭借，似乎马也。

杭州人接神的做法：在进门的地方放一张桌子，把神马供在桌上，供上清茶果蔬，最后是摆上昊天上帝的神马，俗称天地菩萨。意思是一年来，人们受天地之福，所以需供养祭拜天地。还有封井、封门仪式。祭拜井神、井泉童子后，用红纸纵横贴在井栏上，这就是封井。祭拜门神之后，关上大门，用两根红皮甘蔗，扎上红纸，插着柏树枝，靠在门外，叫作"戤门甘蔗"，寓意渐入佳境。封门之后，到天亮之前，就切忌再开门了。[1]

除了祭拜鬼神，最为人们所喜爱的，还是吃年夜饭、发压岁钱、守岁这些年俗。《红楼梦》里祭祀完祖先之后，贾母直接回到了荣国府，贾敬、贾赦等领诸子弟进来行礼，"散押岁钱、荷包、金银锞，摆上合欢宴来。男东女西归坐，献屠苏酒、合欢汤、吉祥果、如意糕毕，贾母起身进内间更衣，众人方各散出"。这里的合欢宴，就是年夜饭，也叫年羹饭、团年饭。

对中国人来说，年夜饭是非常重要的。这顿饭既是家人的团圆相聚，也是对天地神明的感恩献礼。清《清嘉录》卷十二"年夜饭"条："除夜，家庭举宴，长幼

[1] 钟毓龙：《说杭州》，浙江人民出版社，1983年，第345页。

〔清〕郎世宁《乾隆帝岁朝行乐图》

咸集，多作吉利语。名曰年夜饭，俗呼合家欢。"①一家老少围桌而坐，举杯相祝，笑谈一年收获，展望来年计划，享受天伦之乐。

吃过年夜饭，给长辈行了礼，就要分发"压岁钱"了。《红楼梦》中贾母给大家的压岁钱是金银锞，即小元宝，价值不菲。普通人家往往用五色线穿一串铜钱，排成花样，放在床脚，给儿童压胜之用。给儿媳妇的是银元，用红纸包上。还有人家在小孩枕畔放置橘子、荔枝等水果的，叫"压岁果子"，或"开口橘"，元旦睡醒时先吃，寓意开口吉利。

到这里，除夕夜并没有结束，精彩的部分才刚刚开始，这就是守岁。南宋周密《武林旧事》卷三"岁晚节物"记载了南宋杭州除夕守岁的情形："至夜，篝烛糁盆，红映霄汉，爆竹鼓吹之声，喧阗彻夜，谓之'聒厅'。小儿女终夕博戏不寐，谓之'守岁'。又明灯床下，谓之'照虚耗'……"

除夕的杭州，家家户户点着蜡烛，烧着松盆，亮光把天空都映红了，还要放爆竹，敲锣打鼓，彻夜喧闹。那些年轻的人们要开心地玩闹一个夜晚，围炉团坐，喝酒唱歌，直到天亮，这些大多是北宋时从汴京流传过来的风俗。

这段话里记载了杭州人除夕守岁的几个习俗，如烧松盆、照虚耗、放爆竹、饮屠苏酒、吃百事吉等等，可以与沈宣词中描写的内容一一对照。烧松盆亦称"糁盆"，是除夕的一种驱邪祈吉活动。《红楼梦》里写到贾府"当地火盆内焚着松柏香、百合草"，这就是松盆，既有旺火的寓意，也有驱邪作用。明末的田汝成就曾经说到临安有人家烧松盆，叠架的松柴有齐屋高，焚烧之时，"烟

①〔清〕顾禄:《清嘉录》，江苏凤凰文艺出版社，2019年，第333页。

岁
时
风
俗
相
传
久

H
A
N
G

Z
H
O
U

焰烛天，烂如霞布"，诚然壮观，可也够危险的。

照虚耗。虚耗是一种鬼的名字，据说它所到之处，人们会有财物损失。所以除夕夜要遍燃灯烛通宵不灭，赶跑虚耗鬼，就会使来年家中财富充实。

屠苏酒据说源自孙思邈，因为《千金方》里就记载了屠苏酒的配方：用蜀椒、桔梗、桂心、防风、白术、虎杖等八种中药浸制而成。古人认为椒是玉衡星的精灵，吃了能使人年轻耐老；柏是一种仙药，吃了它能免除百病。所以，屠苏酒被认为是长寿酒。饮屠苏酒的时候要从年纪小的开始，因为年轻人过年意味着长大了一岁，先喝酒有祝贺他的意思；老年人过年则意味着又失去了一岁，所以要在年轻人后喝。如苏轼《除夜野宿常州城外》："但把穷愁博长健，不辞最后饮屠苏。"虽然诗人仕途不顺，除夕还奔波在外，颇有自伤老大之慨，但在守岁的时候，看到家中人丁兴旺，仍然透露出一种坦然自适的乐观心态。

除了喝酒吟诗，畅叙家常，还有一些娱乐节目为除夕之夜增添了额外的欢乐。午夜时分，人们还没有睡意，急切地等待新年的来临。小孩子们跑到大街上，大声呼叫："卖我的痴啦！卖我的呆啦！谁来买呀？"这就是除夕夜的"卖痴呆"。人们相信小孩子们卖掉"痴呆"后，就会变得聪明伶俐，从"普娃"变成"牛娃"。范成大有一首《卖痴呆词》，写到这种有趣的习俗。

妇女夜晚不会出门，但可以在家里与姐妹们玩玩关扑、藏钩游戏。关扑有点像现在的摇奖或者街头的掷硬币中奖游戏，用头钱（即铜钱）往瓦罐内或地下掷，根据头钱字幕的多少来判定输赢。据传宋理宗听说民间的关扑后，非常向往，过年时在皇宫中和小太监一起玩关扑游戏。小太监利用特制的铜钱给理宗出老千，把宋理宗侍候得非常开心，然后就虚报成本小赚了一笔钱。

在通宵不寐的"守岁"活动中，人们送走了过去的时光，迎来了新的一年。范祖述在《杭俗遗风》中记载了杭州人守岁的盛况：除夕之夜，杭州家家灯烛辉煌，香烟不断，就是厨灶也要一直烧着烟火。街上行人络绎不绝，灯火照耀如同白日。登上城隍山，可以看到整个杭城一片灯光、万家烟火的夜景。在这个除夕夜景中，有多少家庭正在欢聚一堂，烧松盆、饮屠苏、玩游戏呢？这既是对未来幸福生活的憧憬和展望，也是对生命与时光的深刻体悟。

四、假如张无忌与西门庆"同框"

《倚天屠龙记》里有一处新年元旦的描写，非常符合传统的做派。张无忌把杨不悔送到杨逍身边，自己却被狗咬伤，被庄中当作流浪儿收留起来。不久就到了新春元旦。书中写道："好容易爆竹声中，盼到了元旦，张无忌跟着乔福，到大厅上向主人拜年。只见大厅正中坐着一对面目清秀的中年夫妇，七八十个童仆跪了一地，那对夫妇笑嘻嘻道：'大家都辛苦了！'旁边便有两名管家分发赏金。张无忌也得到二两银子。"[①]

《金瓶梅》第七十八回也有一段关于元旦的故事情节：

> 到次日，重和元年新正月元旦，西门庆早起，冠冕穿大红，天地上炷了香，烧了纸，吃了点心，备马，就出去拜巡按贺节去了。[②]

这两段故事正好可以互相印证补充。张无忌在红梅山庄是一个被收养的小孩，所以他只注意到放爆竹和领

①金庸：《倚天屠龙记》，广州出版社，2013年，第499页。
②〔明〕兰陵笑笑生：《金瓶梅词话》，人民文学出版社，2008年，第1187页。

到的二两银子。西门大官人是一家之主，一早起来就要忙碌着拜天地、接神，吃新年第一顿饭，然后给巡按拜年贺节去了。他操心的内容恰好是从张无忌这一视野看不到的元旦风俗图，下面试做逐一介绍。

放爆竹是元旦最有代表性的活动之一。每到元旦钟声敲响的时候，熬岁不眠的人们都出来放"开门炮"，以求新年顺利红火。张无忌就在与寒毒的搏斗中，"好容易爆竹声中，盼到了元旦"。西门大官人出去贺节之后，家里小厮玳安与王经"穿着新衣裳，新靴新帽，在门首踢毽子，放炮燿"。

元旦放爆竹源于古人驱鬼辟邪的习俗，后来慢慢失去了这一含义，成为人们迎接新年的象征。《异闻录》记载，唐代道士李畋，用燃烧毛竹爆裂发出的声音，治愈了一位被山魈所迷的邻居。这就是最原始的"爆竹"，后来民间用纸筒装填火药，以麻茎编串，做成更为方便的"编炮"。到了宋朝，爆竹已经成为必备的"年货"，制作工艺也有了很大的发展。周密《武林旧事》卷三"岁除"条称：

> 至于爆仗，有为果子人物等类不一。而殿司所进屏风，外画钟馗捕鬼之类。而内藏药线，一爇连百余不绝。

这已经很接近现在的烟花了。当时临安有陈太保、夏岛子等有名的烟花作坊，能设计出各色爆仗、烟火、走线、流星等节日表演的烟火。周密记载的烟火，制作工艺上已经具有很高的水准了，不但做成水果、人物等各种精巧的造型，而且一个烟火能放一百多响。殿前司所造的"烟火屏风"，其奇思妙想更加令人赞叹不已，居然可以在屏风上设计好钟馗捉鬼之类的图案，然后在里面埋入烟火药线，燃放的时候相关部分次第亮起，就如看早期的"动画片"一样。

燃放开门炮仗之后，元旦要做的第二件事就是出天方、迎喜神。喜神是中国民间信仰中非常特别的一位神祇，没有具体的形象，也没有专门的庙宇，但又管着人间的吉祥喜乐，所以信众颇广。传说喜神原本是一位虔诚女子，每天诚心祭拜北斗星神，修炼成仙后，北斗星君询问其所求，女子以手抿口，笑而不答。北斗星君误以为她要胡须，就赐了她长须。因为她喜欢笑，所以被封为喜神，但又长了长须，就不再让凡人看到她的形象了。

钟毓龙《说杭州》介绍杭州元旦风俗，放开门爆竹之后，先把"戤门甘蔗"拿进，放在大厅案桌旁边，然后开始拜天地神马。"（西门庆）天地上炷了香，烧了纸"，《金瓶梅》写到这里只是一句话带过，说明西门大官人对这些环节并不是很认真。事实上这里有一系列隆重的仪式，清晨起来，主人要衣冠整齐，燃香明烛，拜天地，拜家堂，拜灶神，拜祖先，迎喜神。喜神每日所在的方位都不一样，新年开门之后，一家之主要朝着喜神所在方位祭拜，这叫"出天方"；然后先向喜神方向出行，这叫"迎喜神"。迎喜神之后，出门就不用再择日，因为已经把喜神接到家了。[1]

这一系列敬祀神祇的活动，意味着人们新年把新神迎回家宅之中，一个家庭又要重新回归人神共处的空间了。这就是中国传统文化非常有意思的地方，海德格尔讲现代哲学要重建人神共处的诗性空间，其实传统中国人的日常生活，就是人神共处的。

① 钟毓龙：《说杭州》，浙江人民出版社，1983年，第305页。

最忙碌的还是各种拜年。在《倚天屠龙记》中，张无忌在除夕夜忍受着寒毒的折磨，一心盼着天亮，希望

竹报平安歌舞昇平皆大欢喜一门喜庆
吉生钱慧安写於海上

〔清〕钱慧安《竹报平安图》

在元旦拜年时能够见到朱九真。而朱九真毫不理会张无忌，也是因为急着要陪来拜年的表哥。拜年，在小说里是一系列恩怨情仇的舞台环境。

在《金瓶梅词话》中，西门庆等人也是一早就开始忙着拜年。西门庆一早备马去拜巡按，晌午时候往府县拜，刚下马，招宣府王三官儿，带着四五个人来家里拜年了。这样的拜年，要连续几天，都是从一早忙到晚上。可见，即便是西门大官人过个年也不容易。

《武林旧事》记载，元旦这天南宋朝廷还要组织盛大的朝会活动。天还没有亮，文武百官穿好朝服，在宫门外按次序排班等候。五更的梆鼓声响起，宫门缓缓打开，百官列队而进，各州进奏吏，诸国使臣随着队伍一起入殿朝贺，禁卫军高声山呼，声震殿宇，场面之壮观，光是持黄麾仗的仪节就要动用三千三百五十人。《红楼梦》写王夫人与凤姐天天忙着请人吃年酒，一连忙了七八日才结束。可见春节期间，大家族互相拜年的繁忙。杭州人拜年的时间也拉得很长，还有一整套的说法，薄暮称之拜晚节，初十后叫拜灯节。甚至还有谚语说："有心拜节，寒食未迟。"

普通的百姓家庭，拜年当然不会这么复杂。见面之时拱手抱拳，互道一声"新年愉快""万事如意"就可算是拜年了。先是一家之内，晚辈给长辈拜年，然后是左邻右舍街坊乡亲之间拜年，再往后是亲戚朋友之间的拜年。哪怕是平时没什么来往的人，这时候碰见了，也都会笑容满面地互祝新年快乐、恭喜发财。①方式虽然简单，但富有人情味，为新年增添了许多喜庆的气氛。顾光《武林新年杂咏》："月有闲名，而拜节则忙甚。鲜衣炫路，飞轿生风，静巷幽坊，动成哄市。虽终岁不接者，至此亦往拜其门。"②记载了杭州人拜年的热闹情景。

①〔清〕顾禄:《清嘉录》，江苏凤凰文艺出版社，2019年，第10页。
②〔清〕顾光:《武林新年杂咏》，载《杭州文献集成》第4册，杭州出版社，2014年，第493页。

有时亲友太多，实在来不及亲自登门拜年，就只能派人持着自己的名帖去拜年了，这就是"拜年飞帖"。用梅花笺纸裁成二寸宽、三寸长的纸片，上面写着主人的姓名、居住地址和恭贺新年的吉利文字，以此代为拜年。受拜访的各家也不用安排门房接受，在门上粘一个红纸袋，称为"门簿"，上面写有"接福"两个大字，持名刺的佣仆也不用敲门，将"飞帖"直接插入红纸袋就算是来拜过年了。这简直和现在的明信片、贺岁卡有的一比。清朝杭州名士黄模《拜节帖》诗云："绮节交相贺，人情纸半张。红单飞远道，白简答新郎。地脚随名注，年头为汝忙。不知书刺者，谁得似苏黄。"[1]饶有风趣地描述了老杭州人忙着送"拜年飞帖"的情景，一般亲友用红色或彩色的帖子，新女婿给外家亲戚用白全帖贺年，收到者也同样用白帖回复。诗末作者还异想天开地问，不知道书写"飞帖"的人里面，有没有像苏轼、黄庭坚那样的大家？[2]

这种方式确实方便了人们拜年，但也导致了虚泛的风气。明人文徵明有一首《贺年》诗，写到了这种流行的拜年方式，还自嘲说自己也不能免俗，跟随世人一起投了几封"飞帖"拜年，因为大家都是嫌弃礼数不到，而不在乎是不是有真情的。

与文徵明的自嘲不同，有人利用"飞帖拜年"的机会，搞了一场恶作剧。周密《癸辛杂识》记载了这样一个故事，他的表舅吴四丈，生性滑稽，元旦的时候家里没有仆人可用，正好碰到友人沈子公的仆人送名刺到他家。他把名刺拿过来翻了一遍，很多人名他也都认识。他就请这个仆人喝了几杯酒，暗地里把名帖全都换成自己的。沈家仆人没有发觉，就继续去投名帖了，当然送出的其实都是吴氏的名帖了。这件事被大家知道后，成为当时的一起笑谈。

①〔清〕顾光：《武林新年杂咏》，载《杭州文献集成》第4册，杭州出版社，2014年，第494页。
②陆游《老学庵笔记》载："元丰后，盛行手刺。苏、黄、晁、张诸公，皆手书，今犹有藏之者。"

杭州风俗 HANG ZHOU

元旦的食俗也很有意思。周清原《西湖二集》里的《月下老错配本属前缘》，讲的是杭州才女朱淑真错嫁给丑陋无比的金三老之子的故事，里面写到了杭州元旦的食俗：

> 那金妈妈拿了这"百事大吉"，进房来付与媳妇，以见新年利市之意。朱淑真暗暗的道："我嫁了这般一个丈夫，已够我终身受用了，还有什么'大吉'？"杭州风俗，元旦清早，先吃汤圆子，取团圆之意。金妈妈煮了一碗，拿进来与媳妇吃。

这里讲到杭州人的一种元旦风俗。五更天起来，接灶拜天、叩拜家长之后，家家户户都会准备好椒柏酒接待来拜年的亲戚邻里，把柏枝插在柿饼上，放在大橘上，这就叫"百事大吉"，是老底子杭州人元旦讨利市的一种做法。后文还写到金妈妈清早先给朱淑真端了一碗汤圆，这也是元旦的一种饮食风俗，寓意阖家团圆。除了汤圆，面条和年糕也是元旦常见的食物。陆游在《岁首书事》诗后，自己注释道："乡俗以夜分毕祭享，长幼共饭其余。又岁日必用汤饼，谓之冬馄饨，年馎饦。"这里的汤饼、馎饦都是一种类似面条的食物。年糕又称年年糕，取"年年高"之意，是南方人颇为喜欢的一种过年食品。

钟毓龙《说杭州》记载，杭州人还有吃"隔年饭"的习俗：在除夕煮很多饭，盛在新箩筐中，上面放些桔子、年糕，元旦那天蒸起来吃，以表示年年有余、一年还比一年高的意思，当然是一种美好的愿望。有的人家还会加点杏仁（幸福人）、红枣（春来早）、长生果（长生不老），幸福的愿望，随手调配，这味道肯定是不同一般的吧。

现在每到过年，都会听到有人说没有年味。读到这，我们也不妨思考一下：那年味到底在哪里呢？莫言先生在《过去的年》一文中说："没有美食的诱惑、没有神秘的气氛、没有纯洁的童心，就没有过年的乐趣。"

三样事物，第一样美食容易。而后面两样：神秘的气氛和纯洁的童心，一是那种人神共处的传统文化氛围，二是对生活保持一种人类童年般的单纯乐观的想象，还真不那么容易呢。

第三编

生活中的意蕴：人生礼仪

吾家自爱添丁好

《三国演义》第六十一回，曹操有一句后来经常被引用的话。

曹军与吴军相持于濡须，久攻不能破。曹操亲自领人爬上山坡，观望对岸。只见吴军阵容整肃，兵器鲜明，孙权带着左右文武，指挥若定，气势不凡。曹操不由得发出一声赞叹："生子当如孙仲谋，若刘景升儿子，豚犬耳！"[1]这句话，不但把孙权推上了"最模范儿子"的历史排行榜，还说明了即使枭雄如曹操，同样难逃"别人家孩子"的遗憾。

说这句话的时候是建安十八年（213），曹操五十九岁。从这句赞叹里，能品尝出不少的感慨。既有一位雄图天下的政治家想到后继乏人的无奈，也有一位年岁渐老的父亲望子成龙的殷切期望。据史料记载，曹操一共有二十五子，六女，文才武略突出者也有不少，"三曹"父子至今在文学史上占有不少篇幅。但在曹操内心里，还是希望有一位像孙权这样雄才大略、独当一面，能托付自己全部事业的继承人吧。

繁衍血脉，继承事业，这是所有传统中国父母亲的

①〔明〕罗贯中：《三国演义》，江苏凤凰美术出版社，2015年，第225—228页。

132

心愿。这个心愿在孩子还没诞生时就开始酝酿了。

一、纪晓岚遇到了一件怪事

清代大学者纪晓岚，在《阅微草堂笔记》中记载了自己童年时代的一段经历。他两三岁时，经常跟四五个穿着彩衣金钏的小朋友一起玩耍，他们叫他弟弟，待他非常友爱。但长大一些后，这些小朋友突然不见了。纪晓岚便去问自己的父亲，他父亲想了很久，才找到了事情的缘由。原来，他父亲的第一位夫人因为没有生子，故曾经用彩丝拴神庙里的泥孩回家，放在卧室内，还给他们取了乳名，跟真的抚养小孩一样。跟他玩的想必就是这些泥孩子了。因为担心这些泥孩以后为妖作祟，他父亲曾经想把他们销毁，但由于时间过去已久，想不起埋到哪里去了。

这件事的真实性难以考证，很有可能是纪大才子的童年记忆发生了错位，把小时候的玩偶当成有生命的事物了。不过从民俗的角度看，这个故事非常生动地叙记了一种民间祈子习俗——"拴娃娃"。在一些地方，求子的妇人会到娘娘庙，求取一个泥娃娃，把它当作真娃娃一样用心伺候，给他穿衣服，摆上饭食，并称之为"弟弟"。[①]

"不孝有三，无后为大。"这种传统观念，使得民间社会衍生出向神灵祈子、托梦卜子、祈福求子等种种有意思的求子习俗。其中，最常见的是向神灵祈子，泰山碧霞元君、南海观音菩萨、四川送子张仙等信仰都流传甚广。

明朝杭州学者郎瑛，在他的著作《七修类稿》里提到宋代文豪苏洵曾经写过一首《张仙赞》长诗，记叙了

①李慕南主编：《婚育习俗》，河南大学出版社，2005年，第32页。

〔唐〕吴道子《送子天王图》

他向神仙求子的故事。

　　据说，北宋天圣八年（1030），二十二岁的苏洵尚无子嗣，老苏虽然不说，但心里已经有点着急了。有一次梦见张仙，手捏着两个弹丸，醒来后，他认为是诞子（弹子）之兆，心里非常高兴。凑巧的是这年的重九日，苏洵游览成都玉局观，在一个卦肆里见到一幅张仙人挟弹的画像，觉得非常奇妙，就用身上的玉佩换取这幅画。回到家后，挂在堂前，经常在张仙像前虔诚祷告。不久，苏洵果然如愿生了两个儿子，就是苏轼和苏辙哥儿俩。

　　这里所说的张仙，唐代人，叫张远霄，是道教里著

名的祈子之神，俗称"张仙送子"。传说张仙得到"四目老翁"的弹弓后，看到谁家有灾难，就瞄准打一枚铁丸，把灾难"击散"。他还常将铁丸向空中打去，人们问他为什么这么做，他回答说："打天上的孤辰寡宿星。"人们锄地掘土，常常会挖到那些弹子，上有红点，坚实异常。女子揣在身上，能生儿子。[①]

托梦卜子，在民间也有不少传说。在本章开头，曹操对孙家儿子的羡慕，其实在两家大人的梦中就已经显示出苗头了。据《搜神记》卷十记载：孙坚的夫人吴氏怀孕后先是梦见月亮迎进怀中，不久就生下了孙策。后来怀孙权的时候，又梦见太阳进入怀中。为此她还告诉

① 李慕南主编：《婚育习俗》，河南大学出版社，2005年，第21—22页。

了孙坚：以前梦见月亮入怀生了孙策，这次又梦见太阳入怀，这是为什么呀？孙坚听了非常高兴地说：太阳和月亮，都是阴阳的精华，权贵的象征，这说明咱老孙家后继有人呀！

相比起来，钱镠的经历就只能说是悲催了。据说钱镠母亲怀孕的时候，家中时常发现火光，等到去救火的时候，又不见了，全家人都觉得非常奇怪。一日黄昏时分，钱父从外面回家，远远看见自家房子上挂着一条大蜥蜴，头垂及地，长约丈余，两目熠熠有光。钱父大惊，正欲声张，蜥蜴忽然又不见了。接着只见前后火光冲天，钱公以为失火，急呼邻里求救。等到大家从睡梦中爬起来，收拾挠钩、水桶来救火时，哪里有什么火！但闻房中呱呱之声，钱妈妈已产下一个孩儿。

钱公因前后这些奇异之事，怀疑所产孩儿是妖物，就想扔到井里溺死，以绝后患。幸亏隔壁一个老婆婆死命护住，才有了后来的钱镠王。所以钱镠小名叫钱婆留，而这口井也被称为"婆留井"。①

杭州人习俗，早在结婚之时，就有种种与生子有关的祈福讨口彩的习惯，其实都是为了给人一个美好的愿景，一种获得世俗幸福的信心。比如老底子杭州人新婚入洞房的时候，会在地上铺几条麻袋，新郎在前，新娘随后，脚踩着麻袋走。前面有拿筛子、拿蜡烛的人引导，麻袋辗转传递，直至洞房前。"袋"与"代"同音，这个习俗也叫"传宗接代"。

据钟毓龙考证，此礼甚古，唐代就已经有这种做法了。白居易题娶妇诗"青衣传毡褥，锦绣一条斜"，讲的就是这个风俗。到宋元的时候改用席，叫"传席"，因为席与袭同音。但杭州方言中，"袭"听起来与"绝"接近，

① 〔明〕冯梦龙：《喻世明言》卷二十一，中华书局，2015年，第143页。

后来不知什么时候就被改为袋了。

入洞房后，还要在新房里撒喜果糖儿，主要是些枣子、栗子、桂圆、莲子等寓意美好的水果，预祝新娘早立贵子；有的撒红枣、花生，预祝新娘早早花生；有的分花生、红鸡蛋，预祝新娘开花结果。结婚十个月，便生男孩，俗称"元宝红"，此子称"花烛子"。这是非常喜庆的，亲朋好友都会来祝贺。结婚几年没有小孩，婆媳都会着急，要到天竺、灵隐向观音菩萨烧香求子去了。①

李慕南《婚育习俗》一书介绍的"子孙桶"习俗，在过去杭州人结婚时也能看到。子孙马桶中还要放上五只染红的鸡蛋，寓意婚后就会"诞子"于桶内了，蛋要放五只，那是取"五子登科"之意。子孙马桶带到男家要取用时，又须请一小男孩先在里面撒一泡尿，人们以为这样的话今后新娘也会生个白白胖胖的小男孩。

二、李林甫写了一个错别字

唐玄宗时期的权臣李林甫，虽然是皇族出身，但是从小对读书没啥兴趣，即使爬上了宰相的高位，腹中却实在没有多少学问。有一回，李林甫的表弟太常卿姜度生了一个儿子，亲戚朋友们纷纷前去道贺。李林甫斟酌再三，也写了一封文绉绉的贺信，连同贺礼一起让下人送了过去。姜家非常高兴，当着一众宾客的面，隆重地拆读贺信，打算好好显摆一下。

姜度把信拆开，没读几个字，就卡住了。原来贺信中有这么一句，"闻有弄麞之庆……"，李林甫为了显示自己知识渊博，故意写了一个生僻字"麞"，但结果写了一个错别字。弄"璋"是美玉"璋"，而这个"麞"是獐鹿的"獐"的异体字。堂堂帝国宰相兼礼部尚书居

①浙江民俗学会编：《浙江风俗简志》，浙江人民出版社，1986年，第43页。

然闹了这样一出乌龙，众宾客不由得纷纷掩口失笑，李林甫从此得了一个"美誉"，被人称为"弄獐"宰相。[①]

李林甫的这个笑话，与古代的一种庆生风俗有关。旧时祝贺人家生男孩，常用"弄璋之喜"；祝贺人家生女孩，则用"弄瓦之喜"。这个典故出自《诗经·小雅·斯干》：

乃生男子，载寝之床，
载衣之裳，载弄之璋。
…………
乃生女子，载寝之地，
载衣之裼，载弄之瓦。

这里的"璋"是古代的一种玉器，"瓦"是纺织用的纺锤。这段诗的意思是说，家里生了男孩，就把他放到床上，让他穿上漂亮的衣服，拿来珍贵的玉璋给他玩耍，

①王觉仁：《大唐兴亡三百年》，人民日报出版社，2018年，第43—57页。

玉璋

希望他将来有美玉一样的品德，长大了能成为有用之材；如果生了女孩，就把她放在地上，包上襁褓，拿来陶制的纺锤让她玩耍，希望她长大后能够聪明能干，勤俭持家。

弄璋寓意着男孩像美玉一样，品德高尚、身份高贵。而"弄獐"是几个意思呢？难道是祝贺人家学习獐鹿，满山坡被猎犬追着跑吗？虽是一字之差，李林甫这个笑话可闹大了。

在"弄璋弄瓦"上，文学家苏洵也曾经有件逸事。苏洵二十六岁时，已经有了一个女儿，第二年他妻子又生下一个女儿。他的一位朋友前来赴宴道喜的时候，开了他一个玩笑：去年你们家弄瓦请我，今年请我又是因为弄瓦，难道你老婆是一座瓦窑吗？还满含幽默地写下了一首"弄瓦"诗，令人忍俊不禁。

> 去岁相邀因弄瓦，今年弄瓦又相邀。
> 弄去弄来还弄瓦，令正莫非一瓦窑？

这个故事还被记入了《笑林广记》里面。[①]不过文中并未指明故事的主人公是苏洵。

除了"弄璋弄瓦"，还有一种"悬弧挂帨"的生诞古礼。《礼记·内则》载：

> 子生，男子设弧于门左，女子设帨于门右。三日，始负子，男射女否。

就是说家里生了男孩就在门的左边挂上木弓；生了女孩就在门的右边挂上佩巾。三日之后，就背上男孩，用桑木做的弓，蓬草做的箭，向天地四方射出弓箭，表示男孩要有勇武之气，有远大志向。因此生男孩也叫"悬

①〔清〕游戏主人：《笑林广记》，团结出版社，2018年，第399页。

〔清〕吴友如
《弄璋喜庆图》

弧之喜"，生女孩叫"设帨"。白居易《崔侍御以孩子三日示其所生诗见示因以二绝和之》，有"洞房门上挂桑弧，香水盆中浴凤雏"之句。刘禹锡《赠进士张盥》诗亦有类似诗句：

忆尔悬弧日，余为座上宾。
举箸食汤饼，祝辞添麒麟。

"弄璋""悬弧"这些古礼，目前已经看不到了。现在杭州人的做法是，婴儿一出生，家里就准备好喜蛋、酒水、果蔬等物，送往外婆家报喜。喜蛋的数量，男孩送单数，女孩送双数。外婆家则随即送来双倍的喜蛋、喜果和小孩子穿的衣裙。生孩子的这户人家就把喜蛋分送给亲友，亲友则陆续回送火腿、白鲞、核桃、桂圆、红糖、索面之类，俗称为"汤盘儿"。

在清末民国时期，还有一种送催生礼的风俗。孕妇即将分娩之前，娘家的父母亲友就会送一些礼品到女婿家中，祈祷女儿分娩顺利。老底子杭州人风俗，在女儿生之前，外家须先送"催生"礼，包括喜蛋、桂圆，及褓褓等婴儿衣物。另外还有红漆筷十双，或用竹箸，以洋红染之，一并送往，取其"快生快养"之意也。

《杭州府志》记载，临安县的一户妇人农历七月即将分娩，这一日，女子娘家母亲、舅姑、大嫂等一行人抱着几个银盆随着乐人走往女婿家。一路走一路吹奏笙，取"催生"之意。一个银盆里放着外壳染红的喜蛋一百二十枚，以及桂圆、红枣、栗子等喜食，还有十双红漆筷子整齐地压在喜食之上，最上面用一张彩纸遮盖，取"快生快养"之意。另一银盆里放着娘家母亲早早为孩子准备好的褓褓、新衣。新衣是母亲在一个月前就绣好的，一身上面是五男二女的吉祥图案，另一身则是金童报喜。[1]这简直是一次诞生礼俗的民间现实剧本了。

还有一些杭州人非常相信一种说法：孕妇怀孕十个月后的第一日，即所谓足月的朔日，这天第一个到家里的人为男客，则生男，为女客即生女。据说其效极验，屡试不差。[2]此说虽然无稽可考，但祈子、生诞等种种风俗，说明了一个新生命在诞生之前，早包含了许多人的期盼和祝愿了。

①欧阳茜茜：《假如生活在清朝》，中国法制出版社，2019年，第115—118页。
②钟毓龙：《说杭州》，浙江人民出版社，1983年，第489页。

宋熙宁七年（1074）某日，一艘官船乘风穿行在运河水浪之间。船头站着两位身穿便服的中年人，他们就是苏轼和杨绘[1]。这一年，苏轼任杭州通判三年期满，奉调赴任密州知州；而杨绘刚刚调任杭州知州仅两个月，又奉调入京任职翰林院了。两人心情各异，但都是四川老乡，在两个月的时间内共同治理杭州，时间虽短，却已结下了深厚的情谊。这次离杭赴任，两人相约一起坐船。他们准备在湖州靠岸，拜访一下湖州知州李常。

船上还坐着两位诗人，他们是被当时词坛称为张三影的张先和被苏轼称为"学术才能兼百人之器"的陈舜俞[2]。这两个同伴知道了他们的打算，就找了一个理由，一定要陪着他们一起到湖州（张先也是湖州人）。

一路上四人以舟载酒，诗酒唱和，高兴异常。张先和陈舜俞不胜酒力，这会儿还躺在船舱里面。苏轼和杨绘谈论着李常的事迹，内心里对这位老大哥的学问和为人都非常敬佩。

李常，字公择，南康建昌（今江西南城）人。少年时在庐山白石僧舍读书，勤奋异常，每次借阅人家书籍，都要亲手抄录下来，几年时间抄了数千册书。曾任右正言、知谏院、秘阁校理等职，为人正直，敢于诤言直谏。王安石对他非常欣赏，但他仍然多次上疏反对新法，最终也被贬出朝廷。

说话之间，船慢慢地靠岸。一身大红衣服的李常带着一班人，早已经在码头上等候迎接了。李常与苏轼和杨绘问候着，看到后面又出现了张先和陈舜俞，一愣之后不由得连声大笑："子野、令举，送君千里，终须一别。

[1] 杨绘，宋仁宗时进士，累官翰林学士、御史中丞，因触犯王安石，被贬为亳州知州，再任杭州知州。
[2] 陈舜俞，字令举，乌程（今属浙江湖州）人，庆历六年进士，曾任山阴知县，因反对王安石变法遭贬。

你们这是送君千里，还要随君共游天涯吗？"

然后指着身后一人说："我这也有个你们意想不到的惊喜。孝叔今日在此，你们想不到吧？"

苏轼一见，果然高兴异常，赶紧为身边几人介绍。原来此人叫刘述，字孝叔，曾任侍御史知杂事，此时也因反对新法被罢官。这次听说苏轼到来，特意从苏州赶来相会。

刘述对大家说道："今日真正的意外之喜，是公择喜添麒麟儿，今日恰好是洗三的好日子。"

众人纷纷向李常祝贺，一并要到李府讨喜酒吃。李常见到友朋自四方来，本已欣喜万分，这下更是高兴异常。先引众人在湖州馆驿碧澜堂安置好，就一起到了李府。

李家早已摆开了宴席，亲朋满座，热闹非常。众人到堂上坐下，有丫鬟、婆妈随着李常夫人，抱着一个虎头虎脑的孩儿出来。

大家一起说着一些祝贺的话，并纷纷奉上贺礼。

李夫人赶忙在旁道谢。李常却说："今日众贤毕至，小儿有幸在洗三之日，见得各位大贤风采，这就是最好的贺礼！"

杨绘指着苏轼和张先说："这可不行，现放着子瞻和子野两位大才子在此，今日必须要有诗为祝。"

大家一听，纷纷赞成。自然有人在旁准备了书案纸笔。苏轼饮了一杯酒，尝了一小碗"汤饼"，也不拿笔，站立起来，即席吟了一首小词，却是用的词牌《减字木兰花》：

> 惟熊佳梦，释氏老君亲抱送。壮气横秋，未满三朝已食牛。　　犀钱玉果，利市平分沾四坐。多谢无功，此事如何到得侬。

词的上阕极力称许新生婴儿的不凡和健壮，下阕描写了当时洗三朝的习俗，铜钱水果分送利市给来贺的宾客，同时还引用了《笑林》和《世说新语》中的故事，开了李常一个玩笑。据说晋元帝得子，宴请百官，每人赐帛一匹，大臣殷羡拱手谢恩，说："臣等无功受赏。"元帝回答道："此事岂容卿等有功乎？"

词篇吟诵一过，满座为之绝倒。

祝贺李家洗三之后，六人又在湖州欢聚数日。每日在碧澜堂内，饮酒欢宴，赋诗填词，留下了文学史上的一段佳话，碧澜堂自此被称为"六客堂"。多年之后，苏轼还在《东坡志林》中写到了这段往事。

"洗三朝"也叫"三朝洗儿""汤饼会"，是在婴儿出生后第三天举行的沐浴仪式。通常是请稳婆用艾叶、花椒等草药熬好热汤给婴儿洗澡，边洗边念祝辞。从唐代开始，这一风俗就流行于民间。《资治通鉴》记载，天宝十载（751）正月甲辰日是安禄山的生日。三朝那天，杨贵妃把四十多岁的安禄山当作婴儿，还搞了一出"洗三"的闹剧。不但赐给安禄山衣服、宝器、酒菜，还把他招入宫中，用锦缎做了一个大襁褓，把安禄山裹在里面，让宫女抬着走。唐玄宗听到后宫的笑声，还亲自去观摩了一会儿，大概以为这个节目很有创意，还给了很多赏赐。可见当时"洗三"风俗已经非常流行了。

古代杭州的风俗，"洗三"除了要给婴儿沐浴之外，还要摆下酒席宴请亲朋好友。宴会上除了别的菜品，有一道菜是必不能少的，那就是"汤饼"，故称"汤饼宴"，来庆贺的客人自称"汤饼客"。

南宋王明清的《挥麈前录》解释说："必食汤饼者，世所谓长寿面者也。"[①]可见，古人说的"汤饼"，并不是一种饼，而是一种面条，有点像"片儿川"。现在浙江人生小孩，还流行着请人吃索面的习俗，也许就源自这个传统。

洗儿的具体做法是，在浴盆中放置喜蛋及金银首饰等物件，待婴儿在盆中沐浴好之后，拿出鸡蛋在小儿的额角摩擦一遍，说是可以避免生疮疖。用金银饰物，说

〔宋〕佚名《浴婴仕女图》

①秦永洲：《中国社会风俗史》，武汉大学出版社，2015年，第349页。

是可以镇静压惊。有的还在盆里放枣、栗、葱、蒜，寓意希望婴儿聪明早立。

老杭州人还有一种很独特的做法，拿父亲的一只鞋子、碎缸片一块、肉骨头一根，与婴儿一起放在秤上称，俗称"上秤"。据说是可以让小孩长大后有刚（缸）骨，能够继承父志。[①]看来杭州人被称为"杭铁头"，其来有自。还有些杭州人在三朝之日，用红绳带系小儿双手，希望小孩长大后会安静，不会顽皮乱动。所以杭州人有一句骂儿童的谚语："三朝不缚手带儿。"意思是说他胡乱作为，从小没有立好规矩。

除了"洗三"，杭州人还有办满月酒、庆百日、周岁抓周等等习俗。婴儿满月时剃胎发，剃下之发，不许轻弃，要搓成团，用红、绿花线穿之，悬于堂屋高处。认为这样做小儿将来会有胆量。剃好胎发后，还要穿红着绿，让一人抱着，一人持雨伞遮盖，走到大街上，按喜神所在方位兜一圈。还一定要过一过桥，意思是将来出入自然胆子大。这似乎暗合三朝射桑弧的古礼，但又更现实切近一些。希望小儿以后走好路，过好桥，而不是志在天地四方了。

百日与周岁，也都有一些讲究。亲戚朋友，尤其是外婆家都要送相关的礼物，如小孩的鞋袜、衣物，以及寿桃、银镯等物。周岁也叫周晬，很多地方盛行为小儿抓周，在桌上铺设笔墨、算盘、金银、瓜果等物，看小儿抓取什么东西，以此来观察小孩将来的发展方向。所以周岁也叫"试儿"或"试晬"。《红楼梦》第二回就写到宝玉抓周："便将那世上所有之物摆了无数，与他抓取。谁知他一概不取，伸手只把些脂粉钗环抓来。"结果令贾政很不高兴，觉得这个预兆不好。

①钟毓龙：《说杭州》，浙江人民出版社，1983年，第490页。

〔清〕民俗画《抓周》

杭州人还有一种很有意思的做法，孩子周岁的时候，让他穿好鞋靴，戴着百家锁，坐竹车上，车下放置一个坐饼或糖饼，认为可以让孩子有坐性，长大了能读书成事。①这比贾政光生闷气，好像又要务实管用多了。

①〔清〕范祖述：《杭俗遗风》，载《西湖文献集成》第19册，杭州出版社，2004年，第92页。

举案齐眉至今始：婚嫁礼俗

关于婚姻，钱锺书先生曾经打过一个著名的比喻：
"婚姻是座围城，外面的人想进去，里面的人想出来。"
这话虽然是对婚姻的一种调侃，但也以轻松的方式说出
了另外一层意思：再小的城也是一个城，把它建起来总
是一项复杂的工程。

这项工程就是从婚礼开始的。

著名的杭州人——民国时期的大师章太炎，曾经说
过一句非常犀利的话："人之娶妻当饭吃，我之娶妻当
药用。""当饭吃"只是满足人生的粗浅层面；"当药用"
的要求就高了，不仅是花前月下的真心相爱，还要能在
工作事业，甚至在学问道德上相辅相助。既要委婉多情，
又要知书达理，还要能相夫教子。对婚姻的这种完美主
义的态度，也许只有在西子湖这样幽雅的环境，在梁祝
这样美丽的传说中长大的杭州人，才会在骨子里拥有的
一种梦想吧。有意思的是，按照人生中一剂良药的标准
来找妻子的章老师，曾经表示过两湖人（湖南湖北）最佳，
安徽人次之，但最终找的却是一位江浙女子。

看来钱锺书先生说的那座婚姻之"城"，真的不是

一日能造成的了。结婚，从一开始就不仅仅是两个人的事情，它是两个家庭，甚至两个家族都要参与的一项复杂工程。这项工程开始于一类特别的人——媒人。

一、媒婆是一类什么人？

张寿臣老先生的单口相声《巧嘴媒婆》说道：媒婆的嘴可能说了，见什么人说什么话，死汉子能说翻了身，没有什么媒是说不成的，所以叫"撮合山"——两个山头儿她都能给捏合到一块儿去。

传说一个媒婆给一对年轻人做媒，男的没鼻子，女的豁嘴儿，两人虽然自身条件不怎么样，但提出的条件可不低，都要求对方得相貌周正。这个媒做成可不容易。

媒婆的巧嘴这时候就显现出来了。她到男方家里说：这姑娘是独生子女，房子多少套，银行存款有多少，就是嘴不大好。这小伙子一听，以为就是话多，这不算大毛病。

她到了女方家里说：这小伙儿身量儿、长相儿哪儿都好，就是眼下没有什么东西。女方家长也被带歪了，以为没有产业哪，就说：家里困难点不要紧，我家条件好，可以添补他呀。这媒就这样给做成了！待到成婚那天，才发觉真相。找媒婆质问，她却振振有词地说：我不是告诉过你们，"嘴不好"，"眼下没有东西"吗？

艺术来自生活，民间流传的这类巧嘴媒婆骗人的故事，反映了人们对媒人的印象，也反映了传统婚姻生活中存在的一种现实。古代媒人被称为三姑六婆之一，不但社会地位低下，而且还被人视为社会"害虫"，因其惯于搬弄是非、唯利是图、诱人入彀。只要你给够好处，她们就会使出浑身解数，连哄带骗地把媒做成，以至于"无谎不成媒"竟成了那时的普遍现象。

但从婚姻制度的发展历史来看，媒人的本来形象并不是这样的。应该是什么样的呢？不妨来看看《诗经》中的一首：

> 伐柯如何？匪斧不克。
> 取妻如何？匪媒不得。
> 伐柯伐柯，其则不远。
> 我觏之子，笾豆有践。
>   ——《伐柯》

这里的媒人形象是很优美的。媒人的作用是美好婚姻的一种工具，帮助年轻人找到合适的对象，就像一把斧头需要一根合适的木柄一样，需要精心挑选；媒人还代表着庄重的礼仪，有祖先和神明一起见证，让婚姻更加神圣美好。这首小诗作得太好了，所以后来都称媒人为伐柯人，称做媒为"执柯"或"作伐"。

〔宋〕马和之《豳风图》之伐柯段

还有一个故事中，媒人的形象也是很美好的。

晋朝有一个叫令狐策的孝廉，有一天忽然做了一个奇怪的梦。梦见自己走在冰湖之上，冰下还有人，他竟然还同冰下的人说话，心里一惊，不知不觉就醒了。醒来之后感到奇怪，也不知道这预兆是吉还是凶，就找了当时很有名气的占卜大师索紞解梦。想不到这索紞还真是个有文化的人，马上找到了这个蹊跷之梦的寓意。他说："冰上为阳，冰下为阴，这一定是阴阳（男女）之事了。《诗经》中说：'士如归妻，迨冰未泮。'男子如果要娶妻，趁冰未化来迎娶。可见这个梦与婚姻之事有关。你在冰上与冰下人说话，这是沟通阴阳，也就是做媒介，这说明你将会给别人做媒，到冰开的时节，婚事就成了。"

想不到时隔不久，敦煌太守田豹真的来请令狐策当媒人，为儿子说亲了。完婚之日，恰好是仲春冰消的时候。这事挺神奇的，也挺优美的，但确有其事。《晋书·索紞传》就记载了这个故事。后来称媒人为"冰人"，典故就出自这里。虽然这称号冠在一个老头子身上有点浪费，但其实反映了古人对媒人的一种美好想象。

说一个与杭州有关的故事。

说的是北宋末年一对年轻人，男的叫单符郎，女的叫邢春娘，自幼被父母指腹为婚。后来因金兵入侵，邢春娘的父母都遇害了，十二岁的春娘被乱兵抢去，转卖到全州的一个妓院，随老板的姓改名杨玉。杨玉出身仕宦之家，不苟言笑，举止端庄，官员们也都敬重这样的妓女。

单符郎（此时已改名单飞英）的父亲在扬州的时候，率民兵保护高宗一路逃到杭州，护驾有功，不但自己升了官，连带单飞英也被封为全州司户。单公利用自己在户部工作的机会，四处寻访邢家信息，只找到春娘的一个叔叔，但单家也没有另外说亲，与春娘叔叔仍认作亲戚，往来不绝。

单飞英成了全州最年轻的州官，而且是个"帅哥"，见者无不称羡。一个叫郑安的司理与他特别投缘，不但关心他的工作，经常在领导面前说他好话，还为他的个人问题操心。一次宴会上，郑安见他多看了杨玉几眼（估计是童年的爱侣还有点印象吧），就留心上了，请单飞英到家里清谈，点了杨玉作陪，为他们创造单独相处的机会。

在知道他们原来是失散的婚侣后，郑安不但没有看不起做了风尘女子的春娘，反而夸奖单飞英的品德："谚云：贵易交，富易妻。今足下甘娶风尘之女，不以存亡易心，虽古人高义，不是过也。"他还更加积极地为他们周旋，陪同单飞英一起到太守那里，说了其中的曲折情节，让春娘脱去乐籍。最后郑安还亲自任媒人，请春娘叔叔主婚，让一对因战乱失散的佳偶终于结成了良缘。

这个故事出自《喻世明言》卷十七《单符郎全州佳偶》，单符郎原籍虽非杭州，却因两宋之交那个特殊的时代，随父亲一起到了杭州定居，称得上是"新"杭州人。这个郑司理真称得上是媒人中的标杆。通过这个故事，还可以了解到当时人们对婚约的重视程度。单、邢两家，虽然只是双方父母的一个口头约定，但实际却已经以亲家相待了。

单符郎与春娘的婚姻父母之命作用极大，媒妁之言只发挥了仪式性作用。再来看一个案例《裴秀娘夜游西湖记》。主人公裴秀娘是南宋宝庆年间（1225—1227）

临安（今杭州）人，太尉裴朗的独生女。年方十五，生得端庄美貌，琴棋书画，女工针黹，无所不通。清明节随父母去玉泉寺上香，遇见刘员外的儿子美貌书生刘澄。二人四目相射，一下子认定了对方就是自己的"那道菜"。

书生雇了一只小船尾随太尉大船，小姐看见，取了一枚胡桃，用袖中白练汗巾包裹，向天许愿："若能得此生为夫，就投到他的怀中；若没有缘分，就让核桃落入水中。"不知道是否真被哪个神仙听见了，一掷之下，居然飞过了那么远的距离，恰好落到书生怀内。

秀娘自此相思成疾，寝食俱废。裴太尉夫妇知道缘由后，派人寻访书生，了解到是织缎子机房（丝绸作坊）刘员外家小子，双方年貌还算相当，就派遣媒人议亲。书中对此有几处场景描写，比较详细地再现了古时杭州人的做媒风俗：

> 媒婆道："太尉止有此位小姐，年方一十五岁。美貌非凡，且谙书史，相公、夫人甚是钟爱。今者特令老妇作伐，如若员外妈妈应允，便请出个团圆吉帖。"刘员外交备酒席相待二位婆婆已毕，员外取出一张销金鸳鸯笺帖，写了二官人生庚年月日时，封了付与媒婆；又取过白银二两，少酬贵步劳顿。[1]

裴太尉是官宦名族，刘员外只是一个开丝绸作坊的。裴家主动来说亲，相对刘家来说是委屈下嫁，但刘员外还是仔细询问了对方的情况。两个媒婆向刘家讨取的"团圆吉帖"，就是做媒环节最重要的"八字帖"，即杭州人说的"出地脚"。一般用单帖，居中写上男方的年龄、住址、八字，字数必须成双，由媒人送至女家，即古人"纳采"之意，同时向女家讨取八字，也即"问名"。女方同意的话也会回以单帖，如不回帖，说明这场婚事就此

① 萧欣桥选注：《西湖古代白话小说选》，浙江人民出版社，1982年，第420页。

作罢。①

按照传统习惯，"纳采"本来应该由男方上女方家提亲，并送上一定礼物，然后进入下一环节"问名"，由媒人询问女方的姓名、年庚以及八字。这个故事中，虽然是由裴太尉这方派遣媒人，但媒人和刘员外都很懂礼数，先送上男方的八字，而且用的一张单帖的方式。这都是符合杭州风俗习惯的做法。

二、蘧公孙与鲁小姐的婚礼

做媒仅仅是结婚工程开始的第一步。杭州的民间婚礼，基本上沿袭了南宋婚礼的习俗遗风，古代婚姻"六礼"的纳采、问名、纳吉、纳征、请期、亲迎基本上都还保留着，不过在漫长的历史变化中，形成了一些具有杭州特色的风俗习惯。比如：请媒婆说合（纳采），杭州人叫作穿婚；出草帖取年庚八字问卜吉凶，杭州人叫"出地脚"，也不同于"六礼"中的叫法（问名）。

①钟毓龙：《说杭州》，浙江人民出版社，1983年，第348页。

《清俗纪闻》中的喜帖

这其中，杭州人还有一个非常有意思的环节，男家会选择一个好日子，准备礼物邀请女家，或者找一处环境优美的园林花圃，或者租一只游船画舫，双方见个面，谓之"相亲"。这个"相亲"是非常有文化，非常照顾大家的获得感和满意度的。相亲的时候，什么情况最令人尴尬呢？如双方都满意，那就皆大欢喜；如双方都不满意，也还好，好合好散，做个朋友；最尴尬的是一方满意，一方不满意。一句话说得不中意，就可能得罪了人家。杭州人的做法是：不用去问对方感觉怎么样，只要看看对方的发型变化。如相亲者中意，即以金钗插于冠髻中，名曰"插钗"；若不如意，则送彩缎两匹，谓之"压惊"。很诚恳很体谅，也很有仪式感吧。

结婚前还要正式确定关系，也就是订婚，古代称"纳吉"，杭州人叫"传红"，即交换双方允诺缔结婚姻的大红喜帖。订婚礼场面非常隆重，这天男女两家都张灯结彩，厅上供起掌管家庭和美团圆的神仙——和合二仙（现在也有人家因地制宜供灶君的），并把喜帖与准备好的压贴礼物都陈列在神像前面，如三日内无发生异事，则认为顺利，就拿男女庚帖去合婚，同时邀请亲友吃订婚酒。

订婚后，男家要行聘，就是古人说的"纳征"，现在一般叫聘礼、彩礼，杭州人也叫"下合"。在民间，这个环节最为重要，接受了彩礼之后，意味着双方的婚姻关系就具有礼法和道义上的保证了。行聘之后是定结婚日子，古代称"请期"，也叫"送日子""提日子"。婚期定好后，就是结婚迎娶了，杭州人会在前一天发奁，俗称"发嫁妆"。[①]

① 钟毓龙：《说杭州》，浙江人民出版社，1983年，第358页。

《儒林外史》第十回从头到尾写了一场盛大的婚礼，对我们了解明清时期婚姻中"六礼"的讲究程度很有帮助。

《清俗纪闻》
插图《送妆奁》

婚礼的两个主角是前太守之孙蘧公孙和鲁编修之女鲁小姐。蘧公孙是嘉兴人，鲁编修是湖州人，两个地方的婚姻礼俗与杭州非常接近。

鲁编修在翰林院混得并不如意，年近五十，肥美的差事还被别人谋去了，便索性告假带着家眷回乡了。在湖州娄家（蘧家表亲）做客时，遇到了蘧公孙，见得小伙子少年英俊，文采飞扬，鲁编修觉得发现了潜力股，就留心问了年庚八字，第二天就派了一个媒人来提亲。双方门当户对，自是一说便成。蘧太守不但同意让孙儿入赘鲁家，还派人送来五百两银子作为聘礼。娄家就添上一位媒人，去鲁家求亲。鲁家回了允帖，并带了庚帖过来。至此，"六礼"中的纳采、问名、纳吉都非常紧凑地完成了。这也符合宋以后杭州的婚俗习惯，"六礼"

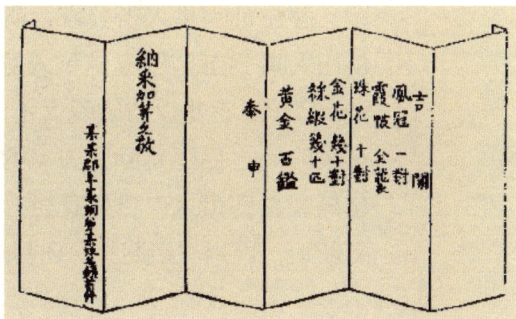

纳彩帖式

中的前三个环节没有分得十分清楚，在实际操办中，往往会把一些程序合并在一起进行。小说中写到行聘，即"纳征"的场面：

> 娄府办齐金银珠翠首饰，装蟒刻丝绸缎绫罗衣服，羊酒、果品，共是几十抬，行过礼去。又备了谢媒之礼，陈、牛二位，每位代衣帽银十二两，代果酒银四两，俱各欢喜。两公子就托陈和甫选定花烛之期。陈和甫选在十二月初八日不将大吉，送过吉期去。

这里写的就是男女双方定亲之后的送聘礼，也即"纳征"场面，书里叫"行过礼去"。彩礼非常丰厚，金银首饰、绸缎绫罗就有几十抬。谢媒礼也很可观，每位媒人代衣帽银十二两，代果酒银四两。媒人帮助择定吉日之后，就要"送日子"（请期），之后就是成婚的大喜之日了，小说详细地介绍了婚庆场面的布置：

> 娄府一门官衔灯笼就有八十多对，添上蘧太守家灯笼，足摆了三四条街，还摆不了。全副执事，又是一班细乐，八对纱灯。这时天气初晴，浮云尚不曾退尽，灯上都用绿绸雨帷罩着，引着四人大轿，蘧公孙端坐在内。

　　蘧公孙因是入赘鲁家，所以是新郎坐在轿子里面，杭州人叫"抬郎头"。这种入赘与现在俗称的"上门女婿"稍有不同，这是女方因爱女儿，不舍得远离，先办赘姻，一段时间之后还是回到夫家的。如果是女方嫁到男方，也需要新郎带人，备好花轿，带着乐工，跟着媒人去迎娶新娘，也叫"亲迎"。还写到了成亲的仪式：

> 　　一班细乐，八对绛纱灯，引着蘧公孙，纱帽官袍，簪花披红，低头进来。到了厅事，先奠了雁，然后拜见鲁编修。编修公奉新婚正面一席坐下，两公子、两山人和鲁编修两列相陪。献过三遍茶，摆上酒席，每人一席，共是六席。鲁编修先奉了公孙的席，公孙也回奉了。

　　这里写到的奠雁、献茶，是婚礼比较古雅的做法。在古人看来，大雁"随时南北，不失其节"，是美好婚姻最好的代言人，所以婚礼中总是动不动抱一只大雁作为礼物。后来实在是因为抓野生大雁太不容易了，才用活鹅代替。新郎到女家后，把事先准备好的活鹅放在大堂上，新郎向上八拜，这就是奠雁。

　　婚姻以雁为礼，象征着一对新人的和顺相处，也象征着婚姻的忠贞专一，美好而又充满诗意。当然，鲁小姐深受其父科举思想的影响，婚后一直不肯放弃改造丈夫的想法。有了儿子后，又把希望寄托在下一代身上，不但每天自己做虎妈，还逼着丈夫作狼爸，终于把生活弄得鸡飞狗跳，那就是另一回事了。

三、皇帝女儿如何出嫁？

　　大家都说皇帝的女儿不愁嫁。是否这样呢？据历史记载，唐宣宗的十一个女儿，只有五位嫁出去了。万寿公主出嫁的时候，唐宣宗为了节省费用，都舍不得用皇室婚礼的规格，只用铜来装饰出嫁的彩车。

同样是皇帝女儿，宋理宗的独生女儿——周汉国公主出嫁的时候就不一样了。先是选定新科状元周震炎做女婿，不料公主嫌弃周震炎年龄偏大，"颜值"也不够高，于是又选了杨太后的侄孙杨镇做夫婿。

确定好人选后，宋理宗就选择了一个黄道吉日，派使者宣请驸马从东华门到便殿，皇帝老丈人与"毛脚女婿"见了个面。光这个见面，就赏赐了大堆东西，有玉带、靴子、朝笏、马鞍、马匹这些日常用品，还有一百匹红色绫罗、一百对银制器皿、一百匹衣着布料。这皇帝老丈人考虑得也叫贴心，怕驸马家里银子不够，赏赐中还有作聘礼用的一万两白银。

宴会的场面非常隆重，有美食、醇酒、音乐和歌舞表演，每行一轮酒，就换一个节目，这样行了五轮酒。结束后，驸马向皇帝谢恩告别，骑的骏马装饰华贵，鞍辔上绘有金色的荔枝花图案，马鞍垫着华贵的绒皮，手里拿着丝织的马鞭，打着太子才能用的三檐青罗伞，还有五十人组成的宫廷乐队在前面奏乐开路，一路风光地回到驸马府第。

公主的嫁妆就更加讲究了，皇帝要求太常寺按照本朝《会要》的规定，专门发文给有关部门采买置办。并提前一个月，就让宰相到后殿西廊观看公主嫁妆的置办情况。宋人周密《武林旧事》卷二记载了这张嫁妆清单：

> 真珠九翚四凤冠、褕翟衣一副、真珠玉珮一副、金革带一条、玉龙冠、绶玉环、北珠冠花篦环、七宝冠花篦环、真珠大衣背子、真珠翠领四时衣服，叠珠

九翚四凤冠

嵌宝金器、涂金器、贴金器、出从贴金银装韅等，锦绣销金帐幔、陈设、茵褥、地衣、步障等物。

这张长长的清单真让人"不明觉厉"啊，不但包括了正式的礼服，乘轿子的衣服，各种精美饰物，四季日常衣物，还有家里的陈设器物。看来皇帝嫁女也不那么容易呢。宋代的这种厚嫁之风非常流行，不光体现在皇室身上。无论贫富贵贱，父母都会把为女儿置办嫁妆作为人生的一件大事来筹办。

宋徽宗初年，苏辙为了给女儿筹办嫁妆，特地卖掉了开封近郊的一块田地，大约值九千四百贯，全让女儿带进了婆家。有学者研究，虽然北宋后期通货膨胀，但九千四百贯仍然相当于现在的五六百万元！作为一名高级别官员，一个女儿出嫁，嫁妆多点也是应该的，问题是苏辙孩子多，有三个儿子和七个女儿。怪不得他在日记里说，这是"破家嫁女"。为了给女儿办嫁妆，几乎倾家荡产了。①

宋史记载，宋真宗的时候，一位柴姓的女子，嫁妆

①李开周：《过一场风雅的宋朝生活》，中国法制出版社，2019年，第65页。

160

更加惊人。不但引起了向敏中、张齐贤两大宰相为娶她而展开激烈争夺，而且还惊动了皇上。原因是柴氏丈夫去世后，几个子女都不是她亲生，怕她再嫁后，把家产也带走了。她想再嫁的人是宰相张齐贤，所以他们就找另一位宰相向敏中来搅局，恰好向敏中的夫人也刚刚去世。柴女士一怒之下，就把这事情闹到开封府去了。皇帝知道后，估计也是哭笑不得。最后几个人都没有好果子吃，都被贬官了。

这起看起来不可思议的葫芦案，被当时的大儒程颐一语破的，说出了其中的奥秘："本朝向敏中号有度量，至作相，却与张齐贤争取一妻，为其有十万囊橐故也。"老向一直风评不错，做到了宰相却与同事争娶一女，说穿了还不是为了人家的财产吗？看来嫁妆太多也害人啊！

这里要说明的是，在宋代，嫁妆是受法律保护的，属妇女个人所有。因此，女方如果离婚、再嫁，她可以将自己原有的嫁妆带走，作为第二次结婚用的嫁妆，甚至有人把嫁妆带回自己父母家里去。

这种风气在江浙尤其杭州一带，更加流行。

有个杭州官员，名叫俞绅，他的妻子徐氏，曾经是南宋抗金名将韩世忠的妾，后来才嫁给俞绅。徐氏的嫁妆非常丰富，多到什么程度呢？俞绅到江西隆兴府做官的时候，带着徐氏一起赴任。一天徐氏梦到一个异僧带着她来到一座废弃的寺庙，寺庙里有处塔基遗址，很多鸟在那儿聚集，很像当地的天王院。醒来以后，徐氏认为有神明喻示，就拿出自己的嫁妆，把整个天王院都重新修造起来了。

古时嫁妆

据范祖述《杭俗遗风》对杭州人"发奁"风俗的记载，其中有关嫁妆物件，种类之多，规模之大，让人叹为观止。从名目规模上看，有六种不同的等级：全铺房一封书、十二箱四橱、八箱两橱、六箱一橱等等。箱有安冬（辽东）、台湾、描金、撞箱之别；橱有书橱、衣橱的不同；桌有大中、春台、聘春台、梳妆桌等种类。嫁妆物件还分为"内房家伙"与"外房家伙"，光木器种类就有三十六种之多，锡器不下数百件。[1]

这么奢侈的嫁妆不是一般的家庭能够承受得了的。

①〔清〕范祖述：《杭俗遗风》，载《西湖文献集成》第19册，杭州出版社，2004年，第83页。

一些大户人家，竟从女儿出生的那天起就为其置办嫁妆，找来当地有名的匠作师傅上门制作嫁妆物件。而一些穷苦家庭，因为办不了嫁妆，女儿没法出嫁。《淳安县志》记载，有的人家苦于嫁妆太厚，如生的是女儿就不要了。这现象引起了一些有远见的知识分子的重视，推动了古代婚俗习惯的改革。

如程颢舅父侯可，在华成县当县令时，发现很多老姑娘，因为没有嫁妆而嫁不出去。于是，他根据当地实情，设置了一个适当的嫁妆指标，宣布超过官府规定的数目就要处罚。一年后，当地已经没有未嫁的大龄女子了。另一位地方官孙觉（黄庭坚的岳父），在福州发现了同样的问题，很多老百姓家庭出不起女儿嫁妆。孙觉就规定嫁资不得超过一百贯，光这一措施就促成了好几百桩的婚事。

爱情的理想，总是要落到物质的基础上，看来古今皆然。

清芬世守养正气

岁

时

风

俗

相

传

久

H A N G

Z H O U

《曾国藩传》中记载了一个曾国藩小时候的趣事。

曾国藩从小读书非常刻苦。一天夜里，他坐在书桌前背《岳阳楼记》。一个小偷潜入他家，准备等夜深人静后偷东西。结果没想到，曾国藩这篇课文怎么也背不下来。到后来，小偷实在忍不住，从房梁上下来指着曾国藩的鼻子破口大骂："就你这个笨样，还读什么书？你听我给你背一遍！"说完，从头背到尾，然后一甩门，扬长而去，留下曾国藩在屋里目瞪口呆。这当然只是个传说，不过这个传说说明了两件事：一个是曾国藩确实很用功，另一个是曾国藩确实很笨。

说起来，曾国藩的笨似乎是有遗传基因的。曾国藩考了七次才考取了秀才，他的父亲考了十七次。相比左宗棠十四岁、李鸿章十七岁、梁启超十一岁中秀才，曾国藩笨得似乎不止一点点。他的考场文章，还曾经被作为负面典型，上榜"公示"（悬牌批责），让大家引以为鉴。[1]

① 张宏杰：《曾国藩传》，民主与建设出版社，2019年，第8页。

但从最终成就来看，他可毫不逊色那个时代的任何人。晚清四大名臣里面，他居首位，被后人称赞为"立德、立功、立言三不朽，为师、为将、为相一完人"，如此评价赞美，古往今来，又有几人能够达到？

是什么原因使曾国藩取得这么大的成就呢？在他生命的最后时刻，他以遗训的形式，把自己的人生经验做了总结："一曰慎独则心安，二曰主敬则身强，三曰求仁则人悦，四曰习劳则神钦。"他对儿子们说，这四条是他数十年的人生心得，兄弟几个一定要牢牢记住，还要子子孙孙代代传下去，这样老曾家就可以长盛不衰，每代都有人才出现了。这就是有名的《曾氏遗训》。而曾氏家族也果然因此实现了道德传家，人才辈出。

杭州也同样有这样秉持上千年，荫泽后世子孙无数的家规家训。

一、宋之"苏武"：洪皓与《洪氏家规》

在杭州西溪湿地公园的洪氏宗祠内，挂着一副楹联："宋朝父子公侯三宰相；明纪祖孙太保五尚书。"这副对联讲的是杭州洪氏家族，因为诗书传家、尊德乐义，族中英才辈出，终于成了有名的"钱塘望族"。宋朝的时候，有洪皓、洪适、洪遵、洪迈父子中三位公侯宰相，四位一品官；明朝的时候，有洪钟等一品官四位、二品尚书三位。

这里要讲的是这副对联里父子公侯三宰相的父亲洪皓，在历史上，他还被人们称为宋代的"苏武"。

洪皓先天不足，一出生有疾病，长大后身体才好起来。他从小就有不同常人的志向，关心天下大事。《宋史·洪皓传》说他"少有奇节，慷慨有经略四方志"。这句话在正史中，往往是用在带有"主角光环"的人物身上的，比如司马懿、萧何都曾经被评为"少有奇节，聪明多大略"。这样我们也就能够认识到洪皓在历史上的分量了。

洪皓的"奇节"很快就显示出来了。宋政和五年（1115），洪皓在京城以太学上舍生的身份参加廷试。二十八岁的洪皓文才超群，仪表出众，被当时的左丞相王黼看上了。王黼派人向洪皓的伯父洪彦昇表示，想把自己的妹妹嫁给他。王黼身居要位，洪皓刚入仕途，结下这门亲事的好处是明摆着的。伯父洪彦昇也劝洪皓要好好考虑考虑。想不到的是洪皓毅然拒绝了。

第二年，洪皓考上了进士。这时，又有一位权臣看上了他。宁远军节度使朱勔派人提亲，提出要以万贯嫁妆、显赫要职为条件，招洪皓为婿。但洪皓还是拒绝了。[①]

王黼、朱勔这两人当时都是权势倾天，不少人为求官走两人关节而不能，洪皓却轻易放弃找上门来的机会，而且还拒绝了两次。他拒绝的理由是：娶老婆是为了服侍父母的，自己出身贫寒，娶了权贵之女，不能吃苦，怕父母受委屈。这话说得多么的有骨气，让人不佩服都不行。

骨气是要代价的。朱勔的女儿最终嫁给了同榜进士周审言，不久周审言就入直内阁，系上了金腰带，任秀州（今嘉兴）知府，四品大员。洪皓任了个七品芝麻官，秀州司录，而且还成了周审言的下属，不知道是不是故意的安排。

但这世界上很多事情都不是靠职务能解决的。宣和六年（1124）秋，秀州一带发大水，十万多百姓成了难民，无米充饥，危在旦夕。知州周审言束手无策，只好求计于幕僚。这时候洪皓站出来，献上了自己的办法：

①周膺、吴晶：《西溪望族》，杭州出版社，2012年，第38页。

先收集境内存粮，统一登记，将余下来的粮食分发到秀州城四周，低价出售，保障百姓生活，并严厉打击擅抬米价的行为。对于无钱无粮的赤贫之户，采用救济的方法，由官府供应每日饭食。

洪皓的办法十分有效，百姓每天能买到平价粮食，人心安定，抢劫偷盗之风也被刹住，社会秩序渐渐安定。但问题是官仓空虚，储备粮食不够。正在愁急的时候，他听说有四万斛（1200吨）纲米（官米）从浙东运往京城，要途经秀州城下。洪皓就想截留粮船，救济十万百姓。周知州得知后大吃一惊，不同意洪皓的做法。洪皓对知州说了一句话："宁以一身易十万人命。"就用我的一条命换全州的十万条人命吧！

最终，这批纲米被截留下来了，十万难民有了救命之粮。朝廷派廉访使来调查，廉访使见秀州境内大灾之后百姓还能安居乐业，大为赞赏，不仅没有追究洪皓的罪责，还上奏朝廷，给予嘉奖。秀州百姓们更是对洪皓感念至深，称他为"洪佛子"，赞美他爱民如子的慈悲心。

洪皓的"奇节"最为人传诵的是在他出使金国的时候。

建炎三年（1129），宋高宗赵构想再次派使臣到金国议和，名义上说是想迎回二帝，愿意去正朔、尊号，就是说不用皇帝称号，真正以下国自居了。在考虑人选的时候，赵构犯难了。弱国无外交，金人根本不愿意和南宋议和，只想要南宋的国土和财物罢了。使者几乎都是有去无回，九死一生。所以，这个人不但要胆识过人，不惜生命；还要能说会道，机巧善变，才不会被金人气势吓住，完成外交使命。

主战派大将张浚向宋高宗推荐了洪皓。当时洪皓刚料理完父亲的丧事，回到临安，还在服丧期间。但面对艰难国事，他没有推辞躲避，毅然接受了重任。金国果然采取了强硬的措施。洪皓一行先被在太原扣押了一年时间，连一个谈判的对象都见不着。第二年才被带到云中（今山西大同），见到了金国权臣完颜宗翰。完颜宗翰说，别的你们都不要说了，你们几个都到齐国（金国扶持的傀儡政府）刘豫手下去做官吧。

这时候，洪皓又站出来了。他说："我们不远万里到这儿，完不成使命，恨不得碎剐了刘豫，怎么可能为他做事呢！你要杀就来杀吧，我不愿意像老鼠和狗那样苟且偷生。"

完颜宗翰被顶得没了退路，不由得大怒，让手下武士把洪皓推出去杀了。洪皓毫无惧色，从容就死。这时旁边一位金国贵族为洪皓的气概感动，脱口道这真是个好汉。挥手让武士放手，并向完颜宗翰跪请。洪皓才得以不死，但此后就被流放到冷山①去了。

洪皓在这个寸草不生的苦寒之地一待就是多年。金朝统治者用了各种办法，想让洪皓屈服。曾经两年不供给衣食，想借恶劣的生活条件挫磨他的硬气，但洪皓等人穿兽皮，捡马粪，吃野菜，像野人一样熬了过来；想用高官厚禄诱惑洪皓，让洪皓为金朝服务，但他誓死不干。金人还骗他，说不用做官，帮忙参与一下进士考试，因为金朝有个规定，凡是被金朝任用过的汉人，永不可归宋。但也被洪皓识破，假装生病躲了过去。

最后，洪皓的气节反过来折服了金人，很多女真贵族都知道冷山有个贤人"洪尚书"。左丞相完颜希尹请他教导自己的子女，还经常向他请教一些治理国家的问题。洪皓借此机会向他们讲儒家"仁爱"的道理，传播

①今黑龙江五常境内大青顶子山。

杭 州 风 俗 **HANG ZHOU**

〔清〕任伯年《苏武牧羊图》

汉人的先进文化，还经常在完颜希尹面前为南宋王朝的利益力争。有一次，完颜希尹争辩不过，恼怒地说："你是来求和的，怎么嘴巴这么硬呢，以为我不会杀你吗？"

洪皓很真诚地对他说："我估摸着自己肯定会死的，但让你们背着一个杀使者的名声也不好。这边上就有一条河，要不你把我淹死，说我是坐船落水的，怎么样？"

这话说得让完颜希尹只好"呵呵"，自我解嘲了。

洪皓的性格让他不会仅仅因此就满足。虽然他自己还处在这样生死未卜的境地下，但一听说其他宋人的情况不好，就不惜犯险救人。如他救济了服苦役的赵伯璘、为人作佣的范祖平，还有宋朝大将刘光世之女。他还用心搜集金国的情报，先后冒险传递了九封军事情报。绍兴十年（1140），他写了数万字的机密奏章，藏在破棉絮中，让一个来往宋金之间的间谍带往南宋朝廷。[1]

他分析宋金之间的形势，认为金人的攻势其实不能持久，如不能议和，不如乘势进击，可收复失地。还说金人最怕岳飞，到了称岳飞为父的地步，金人首脑听说岳飞被杀后，喝酒庆贺。可惜当时南宋朝廷一心求和，没有听进去。

绍兴十三年（1143），金熙宗生了儿子，为此大赦天下，允许宋朝使臣回国。这年的八月份，洪皓终于回到了阔别十五年的临安。十三人的使团，这时只剩下三人了。当年的洪进士，回来时已经是五十六岁的老人了。回归的洪皓受到了隆重的礼遇，宋高宗亲口称赞他："卿忠贯日月，志不忘君，虽苏武不能过。"此后，洪皓就以"宋之苏武"留名青史了。

[1]周膺、吴晶：《西溪望族》，杭州出版社，2012年，第45页。

洪皓以身为范，后世历代洪氏子弟秉持先祖遗风，致力培养子孙读书，教导后代为人处事，构建了独具特色的诗礼传家的文化传统，留下了《洪氏祖训》和《洪氏家规》。洪氏家规重气节大义，勇于任事，宁可有亏自己，也不忘国家民族利益。洪氏家族重民生，多行德政，宽人荐贤。

长子洪适任四川按察使期间，发现当地土司知府安鳌扰乱地方，兼并土地，无恶不作，密报朝廷后，果断将其抓捕，送往京师审理。当地有民谣说："洪不支锅，屈不解担。"称赞洪适办事明敏，断狱之快，连支锅烧饭的功夫也不用，挑担的人都不必歇下来。二子洪遵任职建康府期间，每当发现下属官员勤政爱民的，总是为他们"乞加奖激"。[①]三子洪迈也曾使金，金人逼他以宋向金称臣之礼朝见金主，洪迈宁死不从，受到金人多方困辱。

洪氏家族非常重视教育。洪皓知识渊博，是著名的史学家和诗人。洪适、洪遵、洪迈三兄弟，合称"三洪学士"，三人先后中博学宏词科，有"三洪文章满天下"的美誉。明代的洪钟对子女的教育非常严格，他曾写过一首《命子作》："汝父慕清白，遗无金满籝。望汝成大贤，惟教以一经。经书宜博学，无惮历艰辛。才以博而坚，业由勤而精。"意思是：父亲我爱慕清白，虽然做了不小的官，但没给你留下多少金银财富，只教你一本经书，希望你能够精研勤学，成为一个有品德有才能的人。教育孩子爱惜名节，不慕浮华，以读书为荣，以勤业为乐。

洪氏家风家训集中体现在《洪氏祖训》和《洪氏家规》上。《洪氏祖训》以"孝以事亲，义以睦族，敬以持己，恕以及物"为核心要义，告诫洪氏子弟要以儒家理念立身行道，孝顺父母，家族和睦，严以修身，宽以待人。《洪

①周膺、吴晶:《西溪望族》，杭州出版社，2012年，第192页。

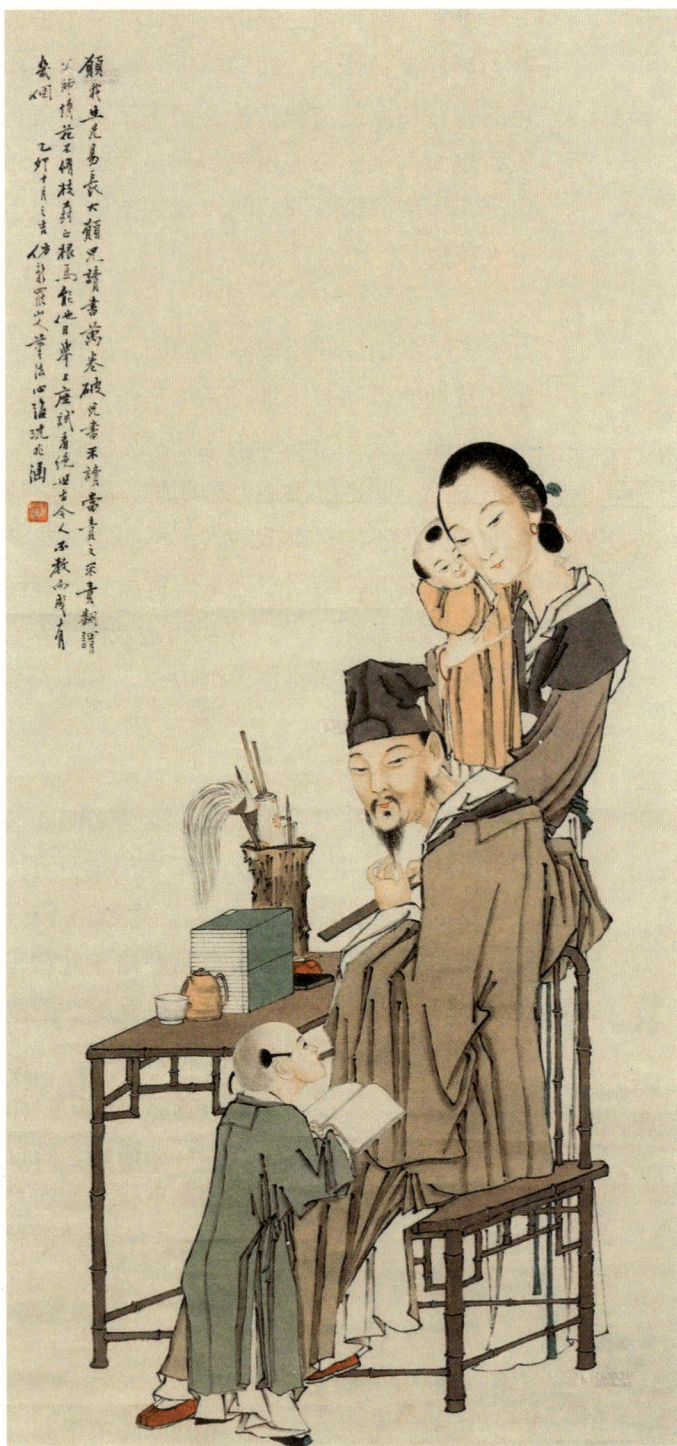

〔清〕钱慧安《教子图》

氏家规》则分戒游、戒博、戒饮、戒斗、戒色、戒逸六条，从交友、习惯、饮食等方面具体规范子孙的行为，告诫后人要品行端正，养成良好的生活习惯。①

良好的家规家训，使杭州洪氏家族形成了代代相传的家族文化理念，这是先辈人生经验的总结，是后世子孙为人处世、做人正己的行为准则，也是洪氏家族持续800年辉煌，成为诗书簪缨世家的文化基因密码。

二、"不喜汝为胡适之、徐志摩"：
《钱氏家训》与人才培养

这是一代国学大师钱基博，在一封信里告诫儿子钱锺书的话。

钱基博为什么在寄给儿子的信中这么说呢？要知道当时的胡适所倡导的白话文运动已经在中国产生了深远的影响，徐志摩也早已奠定了中国浪漫主义诗坛代表的地位。

稍微介绍一下这封信的写作背景。钱锺书进了清华大学之后，凭着他的聪明好学、博闻强志，很快就有了不小的名气。著名学者吴宓曾经感叹，当今文史方面的杰出人才，老一辈人中要算陈寅恪先生，年轻一辈人要算钱锺书，并说："他们都是人中之龙，其余如你我，不过尔尔。"②

从此钱锺书就被称为"清华之龙"，同学里面还有曹禺被称为"虎"，颜毓蘅被称为"狗"，号称"清华三杰"，钱锺书据"三杰"之首。可以想象，当时的钱锺书是多么的年轻气盛、不掩锋芒。他经常在课堂内外指出教授们的学术错误，朱自清、冯友兰、周作人这些大腕儿，

①谢思露，吴啸：《杭州洪氏家族的家风家规家训考察》，《神州》2018年第11期。
②孔庆茂：《丹桂堂前——钱锺书家族文化史》，长江文艺出版社，2000年，第57—58页。

都曾经被钱锺书嘲笑批评过。钱锺书还在清华大学的师友中拥有了一班"钱粉"。一次，他批评孔子只是一个乡绅，他的老师，清华大学哲学系教授张申府（周恩来、朱德的入党介绍人），在《大公报》发表文章时对这个观点公开称赞。

儿子年轻有为，老父亲当然是高兴的。但注意到这些情况后，钱基博有点担忧了。他担心儿子被聪明所误，为了迎合社会流俗，故作惊人之语，而忘记了踏实为学的基本要求，于是就写了这封堪称经典的教子书。

不妨来读一段书信的内容：

儿聪明早慧，我所厚望！现在外间物论，谓汝文章胜我，学问过我，我固心喜！然不如人称汝笃实过我，力行胜我，我尤心慰！清识难尚，何如至德可师！淡泊明志，宁静致远，我望汝为诸葛公、陶渊明，不

钱锺书与钱基博

喜汝为胡适之、徐志摩！如以犀利之笔，发激宕之论，而迎合社会浮动浅薄之心理，倾动一世；今之名流硕彦，皆自此出；得名最易，造孽实大！①

信里面，钱基博先生把"笃实力行"放在文章学问之上，因为"清识难尚，何如至德可师"，高见卓识，靠的也许只是一时灵感，良好的品德，则能帮助一个人一辈子。所以，他希望钱锺书能够从培养品德入手，沉心潜虑，学养皆修，去做大学问；而不要自恃聪明，为博取一时名声，以文笔犀利、言语惊人为满足。

胡适、徐志摩，在这里是拿来与诸葛亮、陶渊明做对照的。

这是学问上的两个方向，人生上的两条道路：一条以才识为器，追求名声影响；一条以品德为本，涵养学问文章。一条是才子名士之径，一条是求真问道之路。余世存先生在《家世》一书中说到钱基博和钱穆的关系时，说钱穆是"中国学问守夜人、华夏文化守望者的象征"。②这何尝不是钱基博对钱锺书，甚至是钱氏家族对族中每个子弟的期许和希望呢？站在这个高度上，看胡适、徐志摩，觉得他们有粗疏简陋之处，名实或不相符，也就能够理解了。

钱锺书所在的无锡钱氏，属于吴越武肃王钱镠的后代，与国学大师钱穆那一支同族不同支。③钱基博在这封信中教导钱锺书的观点，很多地方都能找出钱氏家族家风家训的精神痕迹。

钱氏家训的源头来自"武肃王八训""武肃王遗训"。武肃王钱镠出身草莽，曾经贩盐为生，起于行伍之间，亲身经历了五代时期军阀割据、政权交替的乱局，深知

①钱基博：《谕儿锺书札两通》，《光华半月刊》第一卷第四期，1932年12月。
②余世存：《家世》，北京时代华文书局，2018年，第141页。
③孔庆茂：《丹桂堂前——钱钟书家族文化史》，长江文艺出版社，2000年，第57—58页。

杭州风俗
H A N G
Z H O U

钱镠画像

百姓疾苦，对"创业容易守成难"的真谛深有体会，所以在子女的教育上倾注了大量心血，希望后代子孙在乱世之中能够安身立命。民国时期，后人钱文选根据武肃王八训和遗训，总结归纳成《钱氏家训》，内容分个人、家庭、社会、国家四个方面。体系上更加完备和翔实，成为钱氏家族世代相传的珍贵宝典和精神遗产。

钱氏家训强调学圣贤，正心术，德才并重的家风，要求子弟要以诚敬严肃的态度对待事业和学问。"心术不可得罪于天地，言行皆当无愧于圣贤。""持躬不可不谨严，临财不可不廉介。"这与钱基博信中要求钱锺书学习诸葛亮、陶渊明，而不要学胡适与徐志摩，做学问要韬光潜实，而不要求浮名虚利，其精神实质是一致的。著名科学家、教育家、社会活动家钱伟长先生在《八十自述》一文中回忆自己考清华大学时，正好"九一八"事变爆发，他爱好文科，理科几乎没有基础，但为了科学救国，毅然要求改学物理。结果四门课，总共考了25分，差点被吴有训教授拒绝。但最终在爱国救国精神的激励下，他不但学好了功课，还成为一位享誉全世界的力学大师。

《钱氏家训》崇学重教，"子孙虽愚，诗书须读"。读书既要根底深、功力厚，又要识见广、眼界高。《家训》认为："读经传则根柢深，看史鉴则议论伟。能文章则称述多，蓄道德则福报厚。"钱镠虽然出身寒微，少年辍学，但他对文化非常重视，即使驰骋战场，稍有余暇，就温理《春秋》，兼读《武经》。钱基博在信中要求钱锺书有空就读《三国志》《南北史》《五代史》，在历史中学习古来才人杰士应对处世之法；要求钱锺书要以圣贤言行为准的，打好道德文章的根基。1958年，钱伟长被打成右派，家人受到连累，独子钱元凯尽管取得华北考区总分第二名的好成绩，却被分配到首钢工厂当搬运工。就在这样的艰难条件下，钱元凯干一行，爱一行，钻一行，最终成为国内首屈一指的数码影像专家，被摄影界称为"问不倒的钱元凯"。①

《钱氏家训》提倡惠普相邻、为民谋利的为人处事之道，劝导弟子们要行公道、守谦柔、明事理、识时务、知进退。《家训》说道，"利在一身勿谋也，利在天下者必谋之"，又云"私见尽要铲除，公益概行提倡"。教导子孙处理好"小我"与"大我"关系，体现出一个大家族心怀天下、心系民生的胸怀。钱氏后人多忠良高士，是有家族文化传承上的原因的。

钱氏家风家训，融合着历代钱氏杰出人物人生感悟与儒家传统修身持家的文化思想，如同一种秘密的文化"基因"，薪火相传，滋养着一代代钱氏子孙，为他们的健康成长奠定了深厚的人格根基。

自宋以降，直至明清，钱家历朝历代皆有俊杰。如北宋钱易，十七岁考中进士，被当时人称为"小李白"。还有元初画家钱选，明代学者钱德洪、画家钱谷，明末清初的学术大家钱谦益，清代的藏书家钱曾、训诂家钱

① 马建光：《钱氏家族英才辈出的文化密码》，《湖湘论坛》，2016年，9月。

大昭、史学家钱大昕、画家钱杜、篆刻家钱松等等。[1]群星迭起，光彩耀眼。

进入近现代，钱氏英才，如同井喷一般，出现了许多每个中国人都耳熟能详的一流人物。院士就有一百多人，最负盛名的是"三钱"：钱学森、钱三强、钱伟长。还有钱均夫、钱玄同、钱基博、钱穆、钱锺书、钱锺韩、钱学榘、钱正英、钱复，诺贝尔奖获得者钱永健，画家钱君匋、钱松嵒，政界人物有钱其琛、钱昌照、钱李仁、钱信忠、钱之光、钱永昌等。这些学界、政界、科学界的杰出人物，皆出钱门，阵容庞大，蔚为壮观。尤其是他们中还有不少杰出的父子档、叔侄档、夫妻档人物，堪为人才学史上的奇观。[2]

[1] 陈寿灿、杨云等：《以德齐家——浙江家风家训研究》，浙江工商大学出版社，2015 年，第 43 页。
[2] 余世存：《家世》，北京时代华文书局，2018 年，第 136 页。

第四编

记忆中的热闹：市井百态

奇伎忽还天上见

清朝的大才子袁枚，在《子不语》中记载了一段儿时记忆，说到自己小时候住在杭州葵巷，曾经亲眼看到过一个乞丐表演把戏，其神奇奥妙之处，让人疑惑难解。

傍晚时分，葵巷街口的一家店铺门口，围着一群人，在观看一位年老乞丐表演。几位刚散学的孩子看到热闹，从人群中挤了进来。只见场中放着一把椅子，边上放着一只布袋、两个竹筒，乞丐还在说着一些开场白。孩子们性急地问："演什么？演什么？"乞丐说："今天我们演蛤蟆教书。"

老乞丐解开地上的布袋，一只大蛤蟆从中跳了出来，"呱"地叫了一声。乞丐说："先生来了！"大家哄然大笑。乞丐用竹竿敲地说："别笑别笑，要上课了。"大蛤蟆就跳上椅子坐着。乞丐又敲敲地，说："先生已经来了，上课的人呢？"从布袋中又出来八只青蛙，一一跳上椅子，围着大蛤蟆坐好，寂然无声，很像教室中的好学生。

乞丐再次用竹竿敲地，说："上课！"

大蛤蟆就叫："呱！"小青蛙叫："呱！"大蛤蟆叫：

"呱呱！"小青蛙也叫："呱呱！"大小叫声此起彼伏，应和相契，若听指挥。过了一会，乞丐叫一声："下课！"叫声马上停止，大小青蛙依次跳回布袋。表演完毕，乞丐从店铺里讨了三文钱离开了。

这个让袁枚记忆深刻的戏法，在明初杭州文学家陶宗仪《辍耕录》"禽戏"条中也有记载，名为"虾蟆说法"，表演内容与袁枚记录的基本相同。这说明古代杭州的民间杂技已经颇为发达，花样新奇，种类繁多。

一、虫蚁也会演戏：《舞斋郎》

袁枚和陶宗仪看到的这个戏法，是古代民间戏法中的保留节目，属于"弄虫蚁"类别，即养驯动物之术。古人的技艺让人惊讶，从一些记载来看，小到蚂蚁，大到虎豹，许多看上去不能调教的动物，都可以被训练得如通人意，令人赞叹。

清朝的《点石斋画报·蛙嬉》就记载了浙江象山、宁海之间有一位弄蛙的高手，可以指挥青蛙随着民间小调的旋律鸣叫。 表演的时候，让十余只黄、绿青蛙，分坐于三只簸箩之中，弄蛙者手舞黄、绿小旗，口里随意唱着民间小调，旁边小童敲打着檀板渔鼓，民间小调声，拍鼓"咚咚"声，与蛙鸣"呱呱"声，符合节奏，若相应答，观看的人不由得大声喝彩。

类似的表演还有许多。蒲松龄在《聊斋志异》卷四中写了他的朋友王子巽的一段见闻：有一个人在街市上卖艺，表演鼠戏。他背上背着一个口袋，里面装着十余只小老鼠。每当到了人多的地方，就拿出一个小木架，放在肩膀上，很像一座戏楼的样子。接着就拍打着三块硬木板做成的鼓板，唱起古代的杂剧。歌声刚出口，就

《点石斋画报》之《蛙嬉》

有小鼠从口袋里出来，蒙着假面具，穿着小戏装，从卖艺人的背后登上戏楼，像人一样站立着舞蹈。而且表演的男女悲欢之情，和卖艺人唱的戏文情节完全吻合。[1]

比起蛙嬉，这个节目更为精巧。老鼠不再是简单地随节拍鸣叫，而是有舞台，有故事。卖艺人让老鼠戴着假面具，披着小戏装，随着戏文剧情做动作，表演相应的舞蹈。可想而知，这个难度要高多了。

"弄虫蚁"，在古代属于"百戏"里的"杂手艺"，接近于现在杂技里的动物马戏，其范围不仅限在"虫蚁"之类，飞禽、野兽、水族，经过训练，也都可以用来表演节目。

[1]〔清〕蒲松龄：《聊斋志异·鼠戏》，中华书局，2009年，第183页。

《马戏》

　　如袁枚在杭州还看到有人表演"蚂蚁打仗"。表演者在地上插上两面旗子，在旗下各放一根装着红、白两种蚂蚁的竹管。表演者轻弹竹管，两队蚂蚁从竹管内爬出来，在两面旗下排好队伍。这人手挥黄旗，两队蚂蚁立即向前，像两支军队一样搏斗。经过一番激战后，败弱的一队蚂蚁溃不成军，仓皇逃入竹管；获胜的那一队则奋勇向前，好像追赶敌人的样子。此人又挥动小黄旗，战胜的蚂蚁便退回来，井然有序地爬回竹管，溃败一方也散乱地回到竹管。

　　这已经是一种难度极大的"弄虫蚁"了，艺人能够指挥蚂蚁表演两军打仗："举足相扑，两两角斗，盘旋进退，均合节度。"（《点石斋画报·驯蝎》）这种小型动物马戏节目还有很多，据《西湖老人繁胜录》记载，南宋时的"弄虫蚁"伎艺有教鱼跳刀门、乌龟踢弄、金翅覆射、斗叶猢狲、老鸦下棋等，种类之多、范围之广，甚至超过了现在，可惜许多节目现在只能通过前人的笔记去想象体会了。

比如吴自牧《梦粱录》卷十三记载，南宋临安夜市上卖糖人的各种把戏，其中有一种"担水斛儿，内鱼龟顶傀儡面儿舞卖糖"，现在已经失传了。如果你穿越到南宋杭州，就会看到这样的场景：

一位卖糖人，小摊旁边放着一只大木桶，里面养着鱼鳖鲫虾各种水族。卖糖人有节奏地敲着锣，呼唤着木桶中鱼类的名字，它们应声浮上水面。卖糖人就把小面具掷到水中，这些鱼类就会戴上小面具，随着音乐在水面上舞蹈起来。舞的是"斋郎""耍和尚"等当时活泼逗乐的节目，所以这种小马戏也被称为"舞斋郎"。

这种表演方法，南宋周密在《癸辛杂识》的后集《故都戏事》中叙述甚详："呈水嬉者，以髹漆大斛满贮水，以小铜锣为节，凡龟、鳖、鳅、鱼，皆以名呼之，即浮水面，戴戏具而舞，舞罢即沉，别复呼其他，次第呈伎焉。"

鱼、虾、泥鳅、龟、鳖等水族，养在盛满水的油漆大木桶里，表演者拿铜锣敲打节拍，呼唤水族的名字，叫到谁谁就浮上来表演，确实令人惊异。

宋钱塘僧人文莹《玉壶清话》记载了一个非常感人的故事：

宋熙宁年间（1068—1077），有一位姓段的商人，养了一只鹦鹉，十分聪明，不仅能朗诵诗词，还能在客人来时呼唤仆人上茶，寒暄问安。后来，段生因事被捕入狱，半年后才获得释放。一到家，段生便走到笼子旁边对鹦鹉说："我在狱中半年无法出来，你还好吗？家人没有忘记喂你吧？"鹦鹉回答："你在狱中几个月就难以忍受，鹦哥可被关在笼子里这么多年啊！"段生感慨不已，下决心把这鹦鹉放归自由天地。鹦鹉放飞后经常栖止于官道树枝上，问来往的商人："客人回乡，曾见我段二郎否？"还会说："鹦哥非常想念二郎。"①

这个故事很明显有演义的成分，段生的鹦鹉，简直比一位亲人更让人感动。这种人禽心意相通的故事，反映了当时人们对动物的一种认识：不仅仅把动物看作是一种表演的道具，它们更是一个个需要尊重，同样具有丰富情感的可爱生灵。正是这种认识上的深化，带来了宋代动物驯养的繁荣。

北宋大臣蔡确被贬新州的时候，只有一个名叫琵琶的爱妾和一只鹦鹉跟随。每当蔡确喊琵琶，只要敲一下小钟，鹦鹉就会飞去找琵琶。不久之后，琵琶死于瘟疫，蔡确再也没有敲过小钟。有一天，蔡确不小心碰到了小钟，鹦鹉以为蔡确要找琵琶，又飞起来呼唤琵琶，让蔡确伤心不已，还写了一首诗："鹦鹉声犹在，琵琶事已非。"

宋史上蔡确被认为是个奸臣，但这个故事中的蔡确，更像是一位无助的老人，因为一个姬妾和一只鹦鹉而伤心。人与鸟之间，也产生了一种如同亲人一样互相依靠的真诚关系。

随着动物马戏的发展，那个时代出现了一批技艺超群的马戏大家，如北宋的刘百禽，南宋的赵喜和赵十一郎、赵十七郎、猢狲王等。据《武林旧事》卷七载，当时有一位叫赵喜的艺人，创作了一种名为"七宝水戏"的精彩节目，淳熙年间曾被宣召到皇宫中表演"教舞水族"。

实践产生理论，丰富的动物驯养经验，产生了许多动物驯养理论著作。《鸡谱》《鹌鹑谱》《秋虫谱》《促织经》《虫鱼雅集》《功虫录》《蟋蟀秘要》《王孙经补遗》等一大批书籍应运而生，对小动物的选配繁育、孵化、

杭州风俗 HANG ZHOU

①〔宋〕文莹：《湘山野录 续录 玉壶清话》，上海古籍出版社，2012年，第101—102页。

饲养,到各种疾病及其防治措施,进行了系统的理论总结,充满科学辩证的精神,对中国古代生物学的发展产生了积极的影响。

随着岁月的流逝,这些有趣的民间伎艺,大多已消失不见。2011年傅琰东在央视春晚表演魔术《年年有鱼》,一度引起了网友的热议。大家纷纷讨论:是鱼肚子里置入磁铁,还是训练出来的?其实这种马戏,在古代早有类似的伎艺。依托于现代人的智慧,也许在哪一天人们又能看到这些有意思的"舞斋郎"与"教虫戏"吧!

二、白图泰见过的幻术表演

元顺帝至正六年(1346),中世纪的大旅行家伊本·白图泰来到中国,在杭州受到当地"总督"(江浙行省平章政事)郭尔台的宴请。席间,郭尔台安排了一些游艺节目,其中一个绳技魔术表演给他留下了深刻印象。这段经历在他口述的《异域奇游胜览》中有颇为详细的记载,不妨抄录一段:

> 他把木球抛向空中,木球不见了,当时我亲眼看见,带子还留在他手里。接着他命令一个徒弟缘带而上,这个徒弟也消失了。这位师傅连喊他三声,但都未有应答。他气愤地抄起一把刀子,顺着带子而上,这位师傅也不见了。一会儿他把那孩子的一只手扔在地上,接着是一只脚,再接着是另一只手,随后是另一只脚,接着是身体,最后是头。不一会他气喘吁吁地凌空而降,满身血污。他翻身拜倒在大人面前,大人吩咐赏他一点东西。[1]

正当观众大惊失色、哑口无声的时候,杂耍人捡起孩子的肢体,拼好,他用脚一踢,那孩子便毫发无损地

[1][意]路易吉·布雷桑编著:《西方人眼里的杭州》,学林出版社,2010年,第70页。

伊本·白图泰画像

站起了。这真是一次精彩的表演，其逼真震撼之处，让白图泰受到惊吓，心脏都出了问题，需要立即吃药。白图泰看到的这个魔术，从内容上看，由绳技和肢解两部分组成，糅合了杂技和幻术技巧，这说明当时杭州的魔术技艺已经发展到非常高的水准了。

蒲松龄在《聊斋志异》中也有一篇关于绳技的故事，题目为《偷桃》。记载的是他参加郡试的时候，正好碰上藩司门口举行迎春活动，他跟朋友一起去看热闹，结果与白图泰一样，见识了一次非常神奇的绳技表演。节目的基本形式与白图泰看到的大同小异，但以小孩上天偷蟠桃祝贺作为情节结构，其间艺人与官员之间的对话更为生动有趣，富有市井味。

超凡的绝技总是让人记忆深刻，有关绳技的记载还出现在其他不同的历史资料里面。清朝任渭长画的版画集《卅三剑客图》里就有一篇是关于绳技的，即《嘉兴绳技》。故事说的是唐玄宗开元年间，风流天子唐明皇喜欢天下各地兴办大宴，举行文艺会演。嘉兴县令准备了百戏杂耍，要和监司比赛。监司就命令各大监狱选拔高手，准备节目。这下那些监狱官发愁了，到哪里去寻找艺术人才呢？

狱中有一个囚犯笑道："我倒有一桩本事，只可惜身在狱中，不能一显身手。"原来这人会玩绳技，狱官知道后又惊又喜，就决定让此人代表监狱参加比赛。会演那天，此人捧了一团长绳，放在地上，将一头掷向空中，其劲如笔，初抛两三丈，后来加到四五丈。一条长绳直向天升，就像半空中有人拉住一般。观众大为惊异，惊呼连连。

只见这条绳越抛越高，竟达二十余丈，绳端没入云中。此人忽然向上攀援，身足离地，渐渐爬高，突然间长绳在空中荡出，此人便如一头大鸟，从旁边飞出，不知所踪，竟在众目睽睽之下逃走了。这宗越狱事件被唐明皇知道后，他还惋惜地说，这人有这样的奇技，何须逃跑啊。看来唐明皇还产生了爱才之心呢。

〔清〕任渭长《卅三剑客图》中的绳技图

像《嘉兴绳技》中狱囚这样的艺人，在古代杭州并不少见，他们一般被称为"百戏踢弄家"。据吴自牧《梦粱录》一书记载，南宋时临安城的杂技艺术，除了立金鸡竿、上索、脱索、索上担水、索上走装神鬼这些绳技和长杆技术之外，还有踢瓶、弄碗、壁上睡、虚空挂香炉、弄花球儿、教虫蚁、弄熊、藏人、烧火、藏剑、吃针、撮米酒，撮放生等多种。

这一行出现了一批技艺高超的杂艺名家，如顶杆踏索的高手李赛强、一块金、李真贵、闲生强；幻术名家林遇仙、赵十一郎、浑身手、王小仙、姚金仙、施半仙、金逢仙等。从这些人不是"仙"就是"强"的名号里，大概就能体会到他们技艺的高超了。他们的道具很是简单，常就地设场，或者遇到节日庆典，在丽正门[①]前献艺；或者应招官府筵席，到高门大宅里面点唤供筵；或者拖儿带女，就在街坊桥巷找个人多的地方，凭借自己的一手绝艺，挣取一点酒钱家资。

绳技在这个时候已经不光是走索了，艺人在上面还要做出担水、装鬼神这样一些舞蹈动作。让吴自牧印象深刻的撮米酒、撮放生，则是一种小型的手法类幻术，古代称为撮弄技术。《武林旧事》记载，宋理宗赵昀生日时，杭州名艺人姚润表演了一个《寿果放生》的撮弄术来祝寿。大概是在空盒里先变出三个寿桃，又从寿桃中变出一只小鸟，当场放生，以示积德、吉祥。另一名艺人赵喜，擅"杂手艺"，表演了《祝寿进香仙人》，大概也是空手或用小道具变出来的祝寿礼物，属于手彩或撮弄的范围。[②]

也有规模比较大的幻术，如从东京传来临安的"七圣法"，演出之时，场面火爆逼真，让人有身处武侠电影之中的感觉。只听爆竹一响，阵阵烟火涌出，笼罩全场，

①南宋时京师内城的南门。
②李慕南主编：《中国文化史丛书·游艺文化》，河南大学出版社，2005年，第32页。

从中走出六个披发文身之人，手执真刀真枪，互相击刺，失败者当场被割去人头，胜利者也重伤而亡，场面一片凄惨。最后出来一位头戴金花小帽、手执白旗的人，自称杜七圣。他用布单把那六人"尸体"盖上，口念咒语，施法将人头"接上"。揭开布单一看，本已"人头落地"的人，一个个立即翻身跳起，惊得观众瞠目结舌。

南宋时曾使金的名臣楼钥，在临安的朝堂和街市看了不少魔术，作了一首《戏和三绝·藏撊》诗，称赞这些"撮弄杂艺"家的绝妙技艺："尽教逞技尽多般，毕竟甘心受面谩。解把人间等嬉戏，不妨笑与大家看。"既有对底层艺人生活境况的同情，也有古代知识分子对这些民间绝技志于道、游于艺之作用的理解。

三、"像生"不是相声，而是模仿秀

"像生"也是一种流行于古代杭州市井的百戏伎艺，但你可不能想当然地认为它就是相声，它也许确实启发了后来的相声艺术，但在当时，"像生"主要是一种"模仿秀"。艺人用高超的声音、动作等技艺，模拟出各种逼真的自然之音、生活情境或人物情态。

"口技"是人们最为喜闻乐见的"像生"艺术。清朝的时候，口技也叫口戏，或像生戏，俗称"隔壁戏"，因为表演的时候，往往预先摆下一张八仙桌，围上一块帷幕，艺人就坐在里面表演。

《西湖老人繁胜录》《武林旧事》《梦粱录》等史料都有"乔像生""学像生"的记录，这说明像生伎艺在南宋杭州城经常可以看到，并出现了一批有名的艺人。《武林旧事》卷六"诸色伎艺人"条下，就列举了姜阿得、钟胜、吴百四、潘善寿、苏阿黑、余庆等为当时杭州人

所追捧的"像生"艺人六人。

　　他们表演的道具非常简单，只用一张桌子，一把椅子，一把扇子，一块醒木，围上帷幕就可以了。这么简单的道具可以模拟出鸟雀声、车马声、市井声、猛兽声、作战声，甚至一人同时发出多种声音，其丰富多彩、惟妙惟肖之处，甚至还超过现代相声艺术。

　　"像生"具体的表演方式，最为人们熟悉的应该算是清代文学家林嗣环写的《口技》了，这篇被收入中学语文课本的文章，相信许多人都印象深刻。文中所写的就是一场精彩的口技表演，表演者用各种不同的声响，逼真地摹拟出一个四口之家由梦而醒、由醒而梦，直至夜深火起、众人慌乱救火的生活场景。表演艺术之高超，

《聊斋志异》插图
《口技》

逼真到听的人都以为身临其境，面对着火现场，"无不变色离席，奋袖出臂，两股战战，几欲先走"。

《虞初续志·口技记》记载了另一位像生艺术家郭猫儿的高超技艺。作者郑澍若一位好友认识郭猫儿，把郭猫儿带到他的家里一起吃饭，酒过三巡，郭猫儿就在宴席右侧摆设数扇围屏，开始了表演。表演的是一个市井杀猪卖肉家庭早晨的劳动场景：

> 只听群猪吃食、嚼食、争食之声，他的父亲烧水、进炉、倒水声，此起彼落。没多久，少年捆来一头猪，那猪被绑时的嘶叫声，儿子磨刀、杀猪声，猪被杀、出血声，烫猪褪毛声，都听得清清楚楚的，没有一处不像的。……正当大家纷纷争论不休的时候，突然"啪"一声，四周都安静下来。

郭猫儿因为自己精妙绝伦的像生技艺，受到文人士大夫的尊重，出入名士乡绅之家。他表演的像生艺术已经脱离了单纯的声音模拟，有了一定的故事情境和戏剧元素，只是以声音为手段来表达而已，有点像看不到演员的小品，所以叫口戏、隔壁戏是很准确的。

不同的艺人各有自身擅长的技巧。清末杭州人徐珂编著的《清稗类钞》就记载了当时的一些像生艺人百鸟张、画眉杨、周德新等。百鸟张善于模仿各种鸟叫声，能引得树林中的鸟相呼应答；画眉杨擅长模仿鸟叫、虫鸣，一次表演画眉在树丛中鸣叫，引起了孝廉韩崧的思乡之情，直至流泪；周德新是文学家褚人获的老师，善于表演军阵练兵的声音，一个人能模拟出校场放炮、比试武艺、杀敌献俘等各种情景。

徐珂所记的艺人不限于杭州，但我们可以推测南宋时周密体验过的姜阿得、钟胜、吴百四等像生艺术家的技艺不会亚于郭猫儿、百鸟张等人。这个结论不是凭空臆测，而是可以找到历史依据的。

《东京梦华录》卷九记载，宋徽宗生日时，曾经有艺人在皇宫中表演像生节目："乐未作，集英殿山楼上教坊乐人效百禽鸣，内外肃然，止闻半空和鸣，若鸾凤翔集。"看来宋徽宗也是一个像生艺术的爱好者，百官聚集为自己庆贺生日的时候，也要找机会让教坊乐人进宫表演，模仿百禽鸣叫之音，作为鸾凤呈祥之兆。

更有意思的是，像生艺术还被运用到了禁军巡逻口令之中。《东京梦华录》卷十记载，一年冬至前，宋徽宗停宿于大庆殿，夜间戒备森严，太史局工作人员报时的时候，要在钟鼓楼上鸣鼓并学鸡叫；还有十数队仪卫兵士来往巡逻，"更互喝叫不停，或如鸡叫"。你看多么有趣的宋徽宗，不但把艺术生活化，还把生活艺术化了。

南宋时候的杭州，把这种生活艺术化的精神进一步发扬光大，其表现之一就是像生艺术的高度发展。除了学乡谈、学吟叫这种口技类的艺术，还出现了大量以动作和生活场景为主的像生艺术，如乔谢神、乔做亲、乔迎酒、乔教学、乔捉蛇、乔焦碓、乔卖药、乔宅眷等等。这里的"乔"是乔装，模仿的意思。

"学乡谈"是模仿各地方言，"学吟叫"是模仿买卖人的各种市井曲调，"乔谢神"是模仿善男信女还愿，"乔做亲"是模仿结婚娶媳妇，"乔迎酒"是模仿官营酒坊新酒上市时的买卖场面，"乔教学"是模仿私塾先生讲课，"乔捉蛇"是模仿叫花子捉蛇，"乔焦碓"是模仿小贩卖糖葫芦，"乔卖药"是模仿江湖骗子兜售假药，"乔宅眷"是模仿大户人家太太小姐的穿衣打扮。你看，真是无生活不艺术，无艺术不生活。

最有意思的是一种叫"乔相扑"的技艺。一个人同时模仿两个人相扑的动作，表演者隐身在衣服套内，背负着两个棉制偶人，以双腿和双臂扮作两人，做手脚互摔的动作。采用勾、别、扫、闪、拐、打、旋等武术套路和舞蹈语汇，互相绊腿掐脖，你推我搡，样子逼真惊险，又掺进滑稽逗趣的情节，令观众捧腹大笑，为之叫绝。

当时临安擅长"乔相扑"的艺人名家辈出，周密《武林旧事》有记载的，就有元鱼头、鹤儿头、鸳鸯头、一条黑、一条白、斗门乔、白玉贵、何白鱼、夜明珠等九人。可惜这项技艺在杭州已经看不到了，倒是源自"乔相扑"的河北隆化满族舞蹈"二贵摔跤"，经重新挖掘之后，屡屡在全国获奖。

一半是文艺，一半是繁华

宋绍兴十三年（1143），十九岁的陆游到临安考进士，虽然这次考试落榜了，但都市的繁华给青年陆游留下了深刻的印象。温习经书之暇，他跟随亲戚友人出入深坊小巷，到过青楼瓦舍，倾听市井俚语，体察都市生活。临安还是一个不夜城，陆游与朋友们酒喝得高兴了，谈起了志向，一直到深夜，恰好隔壁响起了琴声，一班年轻人不由得扯开喉咙，唱起了歌。

在这一刻，少年意气和市井繁华，一起沉淀入陆游的生命深处。直到相隔多年，陆游还能清晰地记起当年的情景，并写入了《寒夜遣怀》这首诗中：

> 忆昔入京都，宝马摇香鬃。
> 酣饮青楼夜，歌声在半空。

一半是文艺，一半是繁华。陆游的诗歌准确地写出了杭州市井生活的特点。

一、蹴鞠墙东一市哗：有趣的体育运动

不妨穿越一会儿，回到九百年前的临安城体验一下。

你会看到什么场景呢？有诗为证："冬冬鼓声鞠场边，秋千一蹴如登仙。"[①]你看，清明时节，陆游去灵隐寺玩了一趟，就在西湖边看到一帮人在踢球，鼓声咚咚，气氛热闹无比，让仕途不太顺利的放翁先生一番感慨。

陆游看到的就是古代杭州人喜欢的一项娱乐活动：蹴鞠。

蹴是"用脚踢"，鞠就是用皮革做的"球"。蹴鞠可以说是中国式足球，是现代足球运动的前身，又称作踢鞠、蹴球、蹴圆等。古代蹴鞠玩法，基本分为两种：一种为自由表演，强调技巧，供观众观赏，称"白打"；另一种是两队对抗，称"筑球"。球场中央设一门，两队分列两边踢球，每人都有一定位置和任务，分工明确。这与现代足球已经非常接近了。

陆游诗中所记的这个日常生活场景，很能说明杭州人对蹴鞠的喜欢程度。街头巷尾、阡陌庭院，凡是宽阔空闲之处，都可作为踢球的地方，甚至许多瓦舍、勾栏为吸引顾客，也专门组织球队进行蹴鞠表演。

《武林旧事》卷三"放春"记载，临安园林管理处一个姓蒋的小官，把家里不满两亩的小园子辟为一个蹴鞠场，里面设置了标竿、射垛、秋千等设施，游人来玩，还提供免费酒水。虽然是仿效了皇宫的样式，但也没人来追究僭越之罪。

临安城内还出现了一些很有意思的店铺，如一家卖酒的小店，起的名字叫"角球店"，还有一位黄姓的商人，给自己的茶馆取名"黄尖嘴蹴球茶坊"。这有点像世界杯的时候，一些酒吧、咖啡馆为足球迷们营造一个看球的环境，趁机大做生意。可见杭州的蹴鞠活动相当流行，

①陆游：《西湖春游》。

已经形成了一种踢球亚文化，出现了一群忠诚的爱好者、消费者。

　　参与蹴鞠活动的人也不拘身份地位，不分男女老少，上到皇帝、宰相，下到升斗小民，都喜欢这项全民性的体育锻炼活动。

　　据《宋史·礼志》记载，宋代皇宫的节日庆典往往会把蹴鞠作为其中的节目。绍兴二十九年（1159），宋高宗就曾以蹴鞠活动接待金国使臣，让临安府组织了300人的乐队，70名百戏高手，筑球队员32人，外加专业啦啦队员40人，相扑队员15人，场面之壮观，相信会让金国来宾印象深刻的。

　　北宋宫廷画家苏汉臣曾画过一幅《宋太祖蹴鞠图》，上面描绘了宋太祖赵匡胤、太宗赵光义和大臣赵普、楚

〔清〕黄慎《蹴鞠图》

昭辅、党进、石守信一起蹴鞠时的场景。据传赵匡胤非常擅长"白打"，即今天的花式足球，技术高超到可使球"终日不坠"。由此可见，蹴鞠在当时受欢迎的程度，不但外交活动不可缺少，还成了王公大臣热衷参与的文娱内容。

赵匡胤的一身球技，应该是他在市井之中混日子的时候就已经练会了，毕竟当了皇帝之后，再练成一个专业的球星，那种可能性要小多了。那么一般市民阶层是怎么蹴鞠的呢？《金瓶梅》第十五回写到西门庆在青楼踢了一场男女混合比赛，能让我们有一个大致上的了解：整理气球齐备，西门庆来到外面院子里，先踢了一跑。次教桂姐上来，与两个圆社踢，一个揸头，一个对障，掬踢拐打之间，无不假喝彩奉承，就有些不到处，都快取过去了。[1]

这里写的就是没有球门的散踢白打，可以一个人表演，也可以从两人一直增到十人。西门庆是一人踢，叫一场户；桂姐是三人踢，叫三场户。人数不同，打法也随之变化。校尉，是场上的主踢；茶头，即揸头，是接应的二传；子弟，即练球的玩家。[2]

白打主要是秀花样和技巧，亦称"解数"，如拐、蹑、搭、蹬、捻等，古人还给一些动作取了名字，如转乾坤、燕归巢、斜插花、风摆荷等。《西游记》第七十二回，吴承恩有一段十分香艳的蹴鞠描写。唐僧化斋到盘丝洞，"偷窥"三个蜘蛛精蹴鞠。有头球、钩球、射门，还有转身踢、退步翻、单枪、打拐、卧鱼等招数。蜘蛛精们堪称球艺精湛。作者还有诗为证：

蹴鞠当场三月天，仙风吹下素婵娟。
汗沾粉面花含露，尘染蛾眉柳带烟。[3]

①〔明〕兰陵笑笑生著、刘心武评点：《金瓶梅》，漓江出版社，2012年，第132页。
②白维国：《金瓶梅风俗谭》，商务印书馆，2015年，第120页。
③〔明〕吴承恩：《西游记》，人民文学出版社，2002年，第868—869页。

《金瓶梅》里两个圆社与桂姐踢球，也使出了掉、踢、拐、打这些招数。为了讨好顾客，还故意给桂姐喂球，少了些职业精神，多了些市井的圆滑。最后也只是赚了一两五钱银子，就被西门庆打发走了。

说到圆社球员，不得不提到他们的前辈高俅。高俅也是圆社的成员。《水浒传》第二回，王进见到高俅后，叹息一声："俺道是甚么高殿帅，却原来正是东京帮闲的圆社高二。"一句话揭穿了高殿帅的老底。说明高俅没发迹的时候，与白秃子、小张闲等人一样，也是到处找生活混日子的职业帮闲。

苏轼的好友刘攽在《中山诗话》记载的一个同样靠球技发迹的故事，也许会让我们更多地了解当时人们对踢球的热爱。穷秀才柳三复踢得一脚好球，但朝中无人，所以一直官运不通。他了解到宰相丁谓也喜欢踢球，便想走他的门路获得一官半职，但一直没能找到一个见丁谓的机会，于是，他就天天守候在丁谓家墙外。机遇总是优待有准备的人，有一次，丁谓一个大脚把球踢出了墙外，柳三复拾了球，带着自己的文章，把球顶在头上去见丁谓。

见了丁谓之后，他拿出自己的文章献上，再三叩拜。每次叩拜的时候，头上的球从背上滚到臀部，又从臀部滚到帽子上，总是不会落下。丁谓看了这种表演，不由得惊异不止。柳三复从此就进入了丁谓的"圈子"。①

柳三复是谁大家可能不太知道，但提起柳三变，大家应该都会知道。柳三复就是浪子词人"柳三变"柳永的哥哥。因此，这个故事的可信度还是蛮高的。其实不管是高俅，还是柳三复，他们的故事都只是一个寓言。从政治角度，你可以解读出吏治的腐败；从风俗文化的

①参见〔宋〕刘攽：《中山诗话》，中华书局，1981年，第290页。

角度，你则可以解读出宋朝士人对蹴鞠运动的喜爱和热衷，这种喜爱甚至到了把球艺作为晋升之阶的程度。正是这种士风的影响，增强了蹴鞠运动本身的魅力，使它拥有了更加广泛的群众基础。

南宋时，齐云社——也就是圆社总部——搬到杭州凤凰山办公，它的分社广布全国多个城市，社员到任何一个分社，均免食宿费。每逢重大节日，齐云社都要举办大型比赛。这些做法进一步促进了蹴鞠运动的繁荣发展，并涌现了一批球艺高超的蹴鞠高手，如曾经多次在皇宫参加表演赛的皇家足球队队长陆宝。周密在《武林旧事》卷六"诸色伎艺人"记载的蹴鞠艺人有黄如意、范老儿、小孙、张明、蔡润等。

蹴鞠的盛行，还催生出了一批与之有关的民间音乐。南宋末年的《事林广记》中《圆社市语》篇就记载了《紫苏丸》《缕缕金》《好孩儿》《鹘打兔》《尾声》等九支歌唱蹴鞠的曲牌，这说明蹴鞠在当时的市井间已经形成了自身的民俗文化。

二、李逵听说书：热闹的勾栏瓦舍

真要考察杭州的市井生活，不得不提热闹的勾栏瓦舍。

瓦舍，又称瓦市、瓦肆、瓦子，是都市中兴盛一时的演艺娱乐场所。围绕瓦舍，往往还会形成一个繁华的商业区，使得瓦舍还有了几分"文化综合体"的意思。勾栏是瓦舍里面不同的演出场所，内设戏台、后台、观众席等。一家大型的瓦舍，有众多的表演内容，说书、小唱、杂剧、皮影、舞蹈、角抵、杂技，无所不有，几可比拟现代的"百老汇"了。

演出杂剧的
勾栏

　　勾栏瓦舍对都市生活的影响，从《水浒传》的故事就可见一斑。第一百十回《燕青秋林渡射雁　宋江东京城献俘》，就写到燕青、李逵二人扮成客商模样，元宵节潜入汴京城看花灯，来到了桑家瓦子前，听到里面正在说书，说到关云长刮骨疗毒，李逵忍不住喝彩，引得众人失惊。①

　　书中写到的桑家瓦子并非作者的杜撰，宋代孟元老的《东京梦华录》记载，汴京城东华门街南边确实有一所"桑家瓦子"，是当时有名的瓦舍。"桑家瓦子"附近存在着大小不等的五十多个勾栏，最大的勾栏可以容纳几千名观众，相当于一个大型剧院了。②

　　比较而言，南宋临安的瓦子更为繁荣，无论在数量上，还是在规模上，都超过了汴京。《武林旧事》卷六"瓦子勾栏"条下，列举了二十三个瓦子的名称和地点，城里有南瓦、北瓦、大瓦、中瓦、蒲桥瓦等五处，城外还有二十多处。其中位于众安桥边的北瓦最为热闹，里面

①〔明〕施耐庵：
《水浒全传》，解
放军文艺出版社，
2000年，第1310页。
②孟元老著、姜
汉椿译注：《东
京梦华录全译》，
贵州人民出版社，
2009年，第8页。

有十三座勾栏，能观看到唱赚、说书、相扑、杂技、举重、射弩、舞蹈、蹴球、教走兽等六七十种伎艺。

瓦舍设有早、晚场，早场在凌晨五更天就已开始营业，夜场直至深夜才关门。瓦舍里面有各种配套生活设施，如南瓦有熙春楼酒店，中瓦有王妈妈家茶肆及刊印书籍的张家书铺，北瓦有几家饮食店铺，人们在欣赏文艺演出之余，还可以享受到吃喝玩乐一条龙的服务，可以饮酒会客，也可对茶听曲，听完说史讲经，还可以买一本话本小说，带回家慢慢翻阅。[①]

这样一座综合性的商业文化中心，其建筑空间也是颇为可观的。据《武林坊巷志》记载："扁担弄，即下瓦巷，东出众安桥直街，西即营墙。宋北瓦在此。""众

〔宋〕《杂剧》之打花鼓

①参见徐吉军《南宋临安社会生活》第十章"文化娱乐"有关记载，杭州出版社，2011年，第432—433页。

乐桥，旧名下瓦后桥，与众安桥成八字，故俗名八字桥。"按照这个描叙，北瓦地盘南起扁担弄（现中山中路），北至井字楼巷（现永丰巷），东越众安桥，西靠湖山堂（现中国建设银行杭州分行），占了这么大一个区域，如今的新华影城只不过是其中很小的一部分而已。[1]

勾栏瓦舍中具体是如何一番景象呢？《水浒传》第五十一回写到插翅虎雷横在郓城勾栏里听白秀英说院本。虽然仅仅是小县城的一个娱乐场所，但其布置装潢还是颇为豪华的：门前竖着旗杆，挂着舞台帐幔，门首上还悬挂着许多金字横幅。先看表演的情形：

> 　　看戏台上，却做笑乐院本。……院本下来，只见一个老儿裹着磕脑儿头巾，穿着一领茶褐罗衫，系一条皂绦，拿把扇子，上来开呵道："老汉是东京人氏，白玉乔的便是。如今年迈，只凭女儿秀英歌舞吹弹，普天下伏侍看官。"[2]

《水浒传》这段情节把古人说院本的程式写得很清楚。王国维在《宋元戏曲考》释云：院本者，行院之本也。可见，"院本"就是指艺人说书或唱戏时所依据的本子。节目正式开演之前，有一段"笑乐院本"，通常是作暖场用的玩笑戏，这是古代说书和演戏时常见的安排。把剧场的气氛搞起来之后，接着是另一个环节——"开呵"，往往由一个老者上场介绍节目和内容，然后才是主角上场，开始正式表演。只见：

> 　　锣声响处，那白秀英早上戏台，参拜四方，拈起锣棒，如撒豆般点动，拍下一声界方，念了四句七言诗，便说道："今日秀英招牌上明写着这场话本，是一段风流蕴藉的格范，唤做《豫章城双渐赶苏卿》。"说了，开话又唱，唱了又说，合棚价众人喝彩不绝。[3]

[1] 参见张振萍：《挖掘瓦舍文化内涵促进现代城市商业发展——南宋京都杭州瓦舍文化探讨》，载《商场现代化》，2010年第7期。
[2] 〔明〕施耐庵、罗贯中：《水浒传》，中华书局，2005年，第466页。
[3] 同注[2]。

　　白秀英唱的回目《豫章城双渐赶苏卿》，与杭州大有关系，其作者张五牛，是南宋时临安一位颇有声望的说唱艺人。故事讲的是闾江县小公务员双渐与知县女儿苏小卿相爱相守、互不离弃的事迹。在爱情的激励下，双渐发奋读书，欲求得功名，向苏家求婚。小卿却因双亲亡故，落入娼家，被老鸨卖给豫章茶商为妾。路过金山寺时，苏小卿题诗于壁以抒思念。题诗被寻找苏小卿的双渐发现，一路雇船追到豫章城，有情人终成眷属。

　　双渐故事经张五牛改编创作后，产生了极大影响，与"西厢""马嵬"并列为宋元间的三大情史，也是当

《金瓶梅》演剧图

时临安勾栏瓦市的保留节目。当时流行的唱赚艺术，王国维、叶德均等人多有考证。具体形式，结合《水浒传》的描写，可以有一个直观的感觉。总体上有说有唱，唱说交互，说唱之间，还有舞蹈表演。乐器运用也颇为复杂，有锣鼓、竹笛、琵琶等，有点接近后世的戏曲了。

从《武林旧事》《都城纪胜》《梦粱录》等史料记载的情况来看，临安瓦舍不仅表演的内容丰富，而且名家辈出，《西湖老人繁胜录》"瓦市"条下记载的有名艺人就有六十多人。当时活跃在临安演艺界，唱诸宫调的有高郎妇、黄淑卿；唱赚的有濮三郎、扇李二郎、郭四郎；歌唱名家有唐安安、郭双莲等。许多艺人虽然身处社会底层，但不乏技艺出众、德艺兼备之人。

《宋稗类钞》中记载了一位屈姓歌伎，自幼父母双亡，被舅舅送进瓦市当学徒，跟随师傅学习音乐和舞蹈，十年后学成技艺，能自己谱写新曲，经她改编的传统舞曲《柘枝舞》极受观众欢迎，一天能演七八场，剧院老板给她分成，平均每天能挣到二十多贯。①

宋元之交的戴表元《剡源文集》记载了一个颇为传奇的故事：两位杭州的艺人，因为战乱流落失散。其中一人有幸遇到一位武帅，非常宠幸她；另一人嫁给平民为妻，凑巧的是这位平民也成了武帅的部下。幸运的艺人没有因为地位的改变而忘记旧时的好友，反复邀请友人与她一起创办一家演艺场所，却都被对方拒绝，说自己既然已经开始了平民生活，就不想重操旧业。幸运者没办法，就以请她来担任教练的名义资助她的生活。这种深厚的情谊和互相的尊重，恐怕那些士大夫也不一定能做得到吧。②

①李开周：《宋代"娱乐圈"的奇闻趣事》，《幸福》，2017年，第23期。
②徐吉军：《南宋临安社会生活》，杭州出版社，2011年，第426—427页。

陆游有几句诗，无意中见证了古代商业制度的一大重要变化：

> 市声塞我门，驹呼过我墙。
> 鄙性不耐喧，怳恍意欲狂。
> ——《今日史课偶少暇戏作五字》

写这首诗的时候，陆游已经七十多岁了，因主持编修历史，再次应诏来到临安，居住在西湖畔的官宅六舍。平日案牍繁忙，这一日公务较少，正想焚香静坐，却听到门外市声喧嚣，他好不容易找到的安闲心境被打破了。墙外儿童顽劣的高呼大叫，街市商贩嘈杂的叫卖之声，让陆游只能自嘲天生两只"穷耳"，只适合在乡下听听知了鸣叫。

越过陆游萧索的背影，如果我们把镜头拉远，给南宋的临安一个缩小的全景，我们就能看到一处处繁荣的街道侵入了城市的生活区：密织的人群来往在忙碌的街道之上，集市叫卖、童稚呼叫，交织可闻。

这是一种有别于以前的城市新景象：沿袭了千年之久的商业区与生活区严格分离的坊市制度，在商品经济的冲击之下，完全瓦解了。因此，我们也可以说陆游的烦恼，其实是一种"发展的烦恼"，这么说希望放翁先生不要拿书敲我脑袋。但我们如果从另一个角度来看，确实能推测出杭州当时市井生活之热闹。

我们不妨把镜头拉近，进入南宋御街；再拉近，切换到官巷口至羊坝头一带。这里是南宋临安的主商业区，林立着金银钞引交易铺、珠子铺、质库、彩帛铺和布铺、扇铺、温州漆器铺、青白碗器铺等大小店铺。沿着御街，还分布着南北两个商业区，规模也不亚于官巷口一带。城南从皇宫大内和宁门外，沿着新路南北，则是新兴的闹市区，遍布着珠宝玉器、新上市的花草水果、海鲜野味，别处看不到的各种奇珍异器，都汇聚到这里。

耐得翁在笔记《都城纪胜》中记录过这种盛况："至朝天门、清河坊、中瓦前、灞头、官巷口、棚心、众安桥，食物店铺，人烟浩穰。"

在吴自牧的《梦粱录》卷十三中，还可以找到更为具体的描述：

> 自大街及诸坊巷，大小铺席，连门俱是，即无虚空之屋。每日清晨，两街巷门，浮铺上行，百市买卖，热闹至饭前，市罢而收。……其余坊巷桥道，院落纵横，城内外数十万户口，莫知其数。处处各有茶坊、酒肆、面店、果子、彩帛、绒线、香烛、油酱、食米、下饭鱼肉鲞腊等铺。盖经纪市井之家，往往多于店舍，旋买见成饮食，此为快便耳。

大街小巷，坊市桥道，到处都有流动摊贩（浮铺），到处都是店铺，茶坊酒肆，香烛油酱，什么都能买到。这是商品经济发达、商业体系渐趋完善的城市才能有的现象。我们可以想象，这种繁荣的背后，传统的生活方式在发生着极大的变化，并正在形成一种新的市井生活形态。你看——

早晨五更不到，熹微的晨光中就响起了官员们上早朝的朝马声，赶早入市"趁卖"者的脚步声，铁器店、头巾店器具桌椅的移动声，丝绸店、生药店运送绸缎布匹和药材的车马声，还有那油饼店、胡饼店传来的糕饼

〔元〕朱玉《太平风会图》中的热闹景象

羊羹鲜美芬芳的气味。

一直到深夜四鼓之后，随着买卖关扑、酒楼歌馆之声渐息，这首市井奏鸣曲才告暂歇。

许仙与白娘子、卖油郎秦重、碾玉匠崔宁、娄阿鼠这些人物，他们就活动于这里的街头里巷之间；《白蛇传》《十五贯》《碾玉观音》这些我们熟悉的传奇故事，就源于这里的市井生活。传奇与现实，市井与神话，距离是多么的遥远，融合得又是多么的紧密。

杭州"大龄青年"代表许仙，就在官巷口一家药店里上班："他爹曾开生药店。自幼父母双亡，却在表叔

李将仕家生药铺做主管，年方二十二岁。那生药店开在官巷口。"①从家庭出身来说，许仙是典型的商贸之家。他能在药店工作，既是因为亲戚关系，也是因为他的商贸家庭出身，具备一定的专业知识和经营经验。另一方面，我们还可以推测，那个时候商人从事的行业，往往与家族亲戚有关，多选择父辈亲戚都从事的某个行业。

许仙与白娘子的相识相爱，离不开一件关键的道具：雨伞。这把雨伞在越剧中是许仙随身携带的，但在话本小说里是许仙下船后到三桥街，在他姐夫的兄弟小将仕家的生药铺里借的。小说还借药铺管事老陈的话，对这把雨伞做了一段介绍：

①〔明〕冯梦龙：《警世通言》，中华书局，2015年，第213页。

老陈将一把雨伞撑开道："小乙官，这伞是清湖八字桥老实舒家做的。八十四骨，紫竹柄的好伞，不曾有一些儿破，将去休坏了！仔细，仔细！"许宣道："不必分付。"接了伞，谢了将仕，出羊坝头来。①

这段对话隐藏着很多有趣的信息：临安的制伞业已经高度发达。现在的西湖油纸伞一般是三十六根龙骨，而当时"清湖八字桥老实舒家"的雨伞有八十四根骨，可见当时制伞工艺之发达，也怪不得老陈要啰唆嘱咐一番。

这样的行当可不止制伞这个行业。据《西湖老人繁胜录》"诸行市"条记载，临安有四百十四行，并列出了川广生药市、象牙玳瑁市、金银市、珍珠市、丝绵市、生帛市等一百四十多个行业，主要涉及商业和手工业领域，可以想见一派繁荣的都市景象。

许仙两次卷入库银偷盗案，被发配到江苏镇江"劳动改造"（牢城营做工）。许仙姐夫把他介绍给开生药铺的李克用，许仙不但找到了新工作，还因为业务熟悉，很快就被升作了主管。不久，许仙在白娘子的帮助下，赁了一间房子，买下一付生药橱柜，自己收买生药，当起老板来了。而且生意做得很顺当，买卖一日兴一日，普得厚利。

从人生经历来看，许仙两次卷入偷盗案中，被发配劳改，挫折不可谓不大；但很快都能找到新的工作，最后还自己创业，当起了药店老板，人生不可谓不幸运。这种幸运背后，折射出的是宋朝商品经济的快速发展，带来了新的就业机会。正是整个都市的蓬勃发展，导致商业人才的短缺，才给了许仙东山再起的机会。

另一个以临安为背景的话本小说《崔待诏生死冤家》，

① 冯梦龙：《警世通言》，中华书局，2015年，第214页。

反映的则是都市手工业者的命运。女主人公璩秀秀出身装裱匠家庭，因家境窘迫，被卖与咸安郡王作养娘；男主人公崔宁是郡王府的碾玉待诏，即玉雕手工匠人。两人都因为过人的手艺受到权贵的关注，成为郡王府的匠人。之后两人相识相爱后逃出郡王府，在远离临安两千余里的潭州安身定居，也是靠自己的手艺谋生。崔宁"讨间房屋，出面招牌，写着'行在崔待诏碾玉生活'……潭州也有几个寄居官员，见崔宁是行在待诏，日逐也有生活得做"。①

可见崔宁不但技艺高超，也很懂得商业经营，挂出的店名招牌就很符合广告心理学，一下子就打开了高端客户市场，所以生活也是比较滋润的。

《十五贯戏言成巧祸》中，那个一出场被娄阿鼠害死的苦命男主刘贵，祖上原是有根基的人家，到得刘贵手中，却是时乖运蹇："先前读书，后来看看不济，却去改业做生意，便是半路上出家的一般。买卖行中，一发不是本等伎俩，又把本钱消折去了。渐渐大房改换小房，赁得两三间房子……"②

故事中刘贵住在临安城中箭桥（荐桥）左侧。白娘子告诉许仙："奴家只在箭桥双茶坊巷口（今严官巷）。"可见都相距不远，说不定许仙与刘贵很有可能还互相认识。但同人不同命，刘贵混得可比许仙、崔宁差多了。这种差别，初看是市井人物的命运顺蹇，究其实质，则是时代变革带来的社会阶层变动。

许仙和崔宁都搭上了商业经济发展的时代快车，刘贵虽然出身官宦之家，但在走不成科举之路，想改行去做生意后，却因缺乏经营知识的积累，只能亏本败落，家里大房变成小房，最后只能租赁别人的房子住。甚至

①〔明〕冯梦龙：《警世通言》，中华书局，2015年，第48页。
②〔明〕冯梦龙：《醒世恒言》，中华书局，2015年，第365页。

导致刘贵被娄阿鼠杀害的悲剧命运的原因，仍然是他想要从丈人那里借得一些本钱，"胡乱去开个柴米店，撰得些利息来过日子"。可见，经商已经成了市井百姓和没落士子谋生营利的主要途径了。据记载，南宋都城临安工商业中涉及的人数超过二十万，其在当地居民中所占比重高达三分之一。

宋代《夷坚丙志》卷九记载了一个鬼做生意的故事：范寅宾（字元观，绍兴二年进士）从长沙调到临安做官，与朋友在升阳楼饮酒，遇见了已经死去数年的旧仆人李吉在卖烧鸡。李主动承认了自己的鬼身份，并透露市井间像他这样与人杂处的鬼很多，他们商贩佣作，自食其力，并不害人。范寅宾还问了一个很好笑的问题："你所烹作的烧鸡能吃不？"李吉极力保证："如不能吃，我哪里敢送给你呢？"

宋代诗人范成大有一组《自晨至午起居饮食皆以墙外人物之声为节戏书四绝》，写自己一日之中，于起居饮食之间，听到的墙外市井人物之声，颇有意思，试举一首：

> 菜市喧时窗透明，饼师叫后药煎成。
> 闲居日出都无事，惟有开门扫地声。

早上晨光透户时菜市场上传来的喧闹声，家中汤药煎好时烧饼铺中的叫卖声，日满东窗时校场远去的擂鼓声，中午时禅房开饭的打钟声，深夜小巷更夫的敲板声，应和着大街热闹处的丝弦歌曲和私人宅第唱诵经文的声音。简直处处是市井，处处是生活，也处处是诗意。都市生活不但是普通百姓身边的现实，也成了文人士大夫诗歌吟咏的文学题材。

杭州萝卜绍兴种

一、"蛮发靥"的杭州话：杭州话与吴语

早些年，一个广西男孩失恋，半夜在网上发视频，说自己"难受，想哭"。广西人说话 n、l 不分，没有翘舌音和送气音，所以大家听到的就是"蓝瘦，香菇"。这视频一下火了，连带火起来的还有广西普通话。各路网友纷纷发扬原创精神，尽情发掘广西普通话有趣的地方，有人录制成吉他弹唱视频发到网站上。该词还入选了《咬文嚼字》杂志社发布的"年度十大流行语"。"蓝瘦，香菇"，激发了大家学方言、说方言的兴趣。

杭州话也有不少"蛮发靥"（很有趣）的地方。

朱自清先生散文《航船中的文明》记录了一个杭州话的故事。一次，他乘船从绍兴到杭州，碰到一对男女一起上船，船家要他们分开来坐前后舱，那女的不肯，就用"满口好绍兴的杭州话"说："我们是'一堆生'的！"[①]听得大家都惊奇不已，两个人怎么"一堆生"呢？这里的"一堆生"，是"一起的""在一块儿"的意思，而不是一块儿生下来的。这话够有意思吧？

① 朱自清：《朱自清散文选集》，百花文艺出版社，2020年，第182页。

杭州话研究专家鲍士杰先生也讲过一个故事：一个小学生放学回家，马路上开过一辆汽车，小学生本来想避到路边上，车上杭州司机伸头大喊："靠拢！靠拢！"小孩以为司机有事问她，就朝汽车走去，结果被车撞到了，还好只是轻伤。原来杭州话的"靠拢"是靠边、到角落去的意思，与普通话中指"靠近"的"靠拢"意思正好相反。这是杭州话过于"魔性"的地方，让人有点犯迷糊了。[①]现在杭州人一般会把"靠边"说成"靠拢去"，如"靠拢去靠拢去！看碰"！意思是"快靠边，别碰到了"！

总体而言，杭州话生动形象，富有意趣。这种意趣既带有市井生活的那种夸张，那种直接，也带有杭州曾经作为南宋都城的那一丝古典和文雅。比如杭州人把发霉叫"出乌花"，潮湿叫"烂烂湿"，水洼叫"水汪凼"，赶快叫"熬烧"，有趣叫"发屬"，胡闹叫"活拆空"。都有一种生动的既视感，很直接，又很"发屬"。

还比如说一个人身材好，杭州人叫"条杆儿蛮好"；一个人长得胖，杭州人要说"生得壮"；稀饭煮得稠与稀，杭州人的说法是粥熬得"厚"与"薄"；说一份工作不好干，会说"葛碗饭不好吃"；大人要惩罚小孩，叫作"给你吃一顿生活"。都是从现实生活里来的具体形象，活灵活现，一点儿也不抽象。

变化多端的"儿化"字音，也是杭州话的一大特色。一般认为杭州的"儿化"音是受到北方官话影响的结果。[②]但杭州话自有不同于北方话的地方，一则杭州人发这个"儿"音的时候比较实在，不像北方人只在舌头尖上做个样子，使"儿"音若有若无，不仔细都听不出来。如筷子在杭州话里叫作"筷儿"，袜子叫作"袜儿"，茄子叫作"茄儿"，这个"儿"字都是实实在在的，比北方话"硬扎"得多了。就像中国人说英语，唯恐自己

①鲍士杰：《说说杭州话》，杭州出版社，2005年，第43页。
②同上，第4页。

说不好，每个音都得说到位。

二则杭州的"儿化"音不但有在词尾的，也有嵌在词中的。如片儿川、杭儿风、猫儿眼、鱼儿灯、枣儿瓜、六儿饭（盒饭）、烤儿鲞、盖儿头、叭儿狗、盘儿菜、棒儿糖等等。这个"儿"音加在一个名词之中，杭州人往往喜欢用翘舌音拐个弯，把它往上送，就有一点戏曲道白的意思了。外地人听杭州人说话，总有一种把生活艺术化的感觉。比如说一个人没脑子、稀里糊涂，却还高调，喜欢搞事，杭州人就叫他"神儿灯"；小孩子个子小，却蹦蹦跳跳很活跃，叫"豆儿鬼"。真当是生动传神，幽默风趣。

杭州人还喜欢用叠词表达不同的意思。如"黑兮兮""白兮兮"，表示有点黑、有点白，"兮兮"两字重叠，看起来是在强调黑和白，其实这是虚的，只是在舌头上打了一个转；而如果说"墨墨黑""雪雪白"或"墨黑墨黑""雪白雪白"，则表示这黑与白的程度非常厉害了。同样的表达还有"甜蜜蜜"与"蜜甜蜜甜"，"活活苦"与"活苦活苦"，"汪汪酸"与"汪酸汪酸"。有研究者认为杭州话的这种特点与普通话不同，而更接近于绍兴话。[1]

这就要说到杭州话的历史了。从本质上来看，杭州话属于吴语太湖片的杭州小片方言，主要分布在杭州老城区一带，具有吴语的一般特征。包括比较完整地保留了中古全浊声母和入声，保留了较多的古汉语用字用语。随着南宋定都杭州，北方话对杭州话产生了巨大的影响，但杭州话的吴语本质并没有完全改变。[2]杭州有一句谚语，叫作"杭州萝卜绍兴种"，是说很多杭州人是从绍兴迁居过来的，绍兴话对杭州话的影响也随之产生。朱自清先生文章中的那个女子"满口好绍兴的杭州话"，恰好

①慧子：《杭州方言的文化特色及其成因》，《东南文化》，1989年第6期。
②徐越：《宋室南迁与杭州话的形成》，《江西社会科学》，2005年第25期。

杭州风俗 HANG ZHOU

说中了杭州话的这个渊源。

老杭州人把"锯"读成"ga"，"用锯子锯木头"，说成"用 ga 子 ga 木头"，这就是古越语的发音。把"在"说成"辣哈"，据钱乃荣教授考证，也是古越语的遗留。[1]

还比如，杭州人催人赶紧，往往会说"毫燥些"，有的人写作"熬烧些"。这个词源自何处，已不可考。但联系到杭州人说"干"为"燥"（音"烧"），就能理解这个词的传神之处。家禽羽毛被雨水淋湿后，蔫蔫地伏在一处，没精神，不想动。"毫燥"就是羽毛干了，可以利落地行动了。让人"毫燥些"，不但有利落点、赶紧点的意思，还有一点儿说不清的取笑调侃的含义在里面，指对方蔫得像一只被雨水淋湿的家禽。

鲁迅堂叔周冠五先生，在《鲁迅家族和当年绍兴民俗·三台门的遗闻佚事》里写到鲁家的一个老妈妈，从小照顾鲁迅爷爷周介孚，后来周介孚做了官，她还是习惯叫他小名，每当吃饭，她会跑到"签押房"高叫"福官吃饭者"，稍稍迟延，还要再来一声"毫燥些"。[2]鲁家老妈的"毫燥"，与杭州人说的"熬烧"，意思、发音基本上是一样的，也可作为杭州话与绍兴话关系的一个例子。

关于杭州话的"燥"，还有一个好玩的段子。一次，某个外国旅游团来杭州旅游，走到哪里都赞叹不已，跷起大拇指说"万而累狗德"！走走看看，走到了小胡同里，看到一位老太太正在屋前晾晒长腰裤大裤裆，老外很高兴，举起相机就拍。导游觉得这场景有点不雅，叫老太太赶紧收走。老人家不太愿意，她说："还无没燥（烧）嘞。"意思是说，还没干呀，怎么收啊。老外一听，大吃一惊，以为老太太跟他们在说英语"I'm sorry"。他

①曹晓波：《再说杭州话》，《作文通讯》，2012年第 6 期。
②孙旭升：《越中乡音漫录》，南京大学出版社，2015年，第83页。

们连连举手致意"OK"。杭州的老太太真是不得了啊，张口就能"说英语"。①

前段时间，有热心之人把杭州话的"魔性"之处，串联在一起，编了一首很长的歌谣，蛮有意思。试抄几句在下：

> 有种难弄叫勒格，有种肉麻叫利几，
> 有种闪电叫豁闪，有种谎言叫造话，
> 有种程度叫尽该，有种速度叫毫燥，
> 有种讨厌叫熟及，有种进食叫石基，
> 有种触觉叫粘兹个哒，有种小气叫十刮精巴……

二、"胭脂扣"与缪留仙：杭州的谚语俗语

周作人先生在《俗谚的背景》一文中说："俗谚都是人民经验之谈，在其中可以看出整个生活的影子。有些习俗也多有地方性的，如范寅《越谚》中所记的'船到桥门自会直''只要铜钱多，巷牌抬过河'，均是水乡的背景。"②

这段话概括了谚语与一个地方风土人情、百姓生活的紧密关系。比如杭州人说一个人口出大话，会说他"一脚跨过钱塘江"；说一件事情没人管，叫"钱塘不管，仁和不收"；"过了白堤有苏堤"，是劝喻别人做事要留有余地，眼光要看长远；"跳进西湖洗不清"，是比喻人受了很大冤枉，没法解释清楚；"虮子游西湖"，形容目标太大，不可能完成；"城隍山上看火烧"，形容事情与己无关，可以置身事外。这些谚语俗语反映了杭州特有的地理环境和社会生活方式，体现出杭州人民的生活经验和文化心理。

①曹晓波：《武林旧事——老底子杭州话》，杭州出版社，2013年，第125页。
②钟叔河编：《周作人散文全集》，广西师范大学出版社，2009年，第926页。

周作人文章中提到的范寅，清时会稽（今绍兴）人，范仲淹的后代。他编著的《越谚》，多方采撷，手记笔录，搜集了大量的越地方言、谣谚，是一部弥足珍贵的语言文献。周作人对《越谚》推崇备至，在他半个世纪的文学创作、方俗文化研究以及文化寻根中，多次著文讨论范寅和《越谚》，他的《绍兴儿歌集》，更有不少直接抄录《越谚》里的原文。

杭州谚语的史料主要散见于历朝的《杭州府志》和《西湖游览志余》等地方志文献，也许是因为笔者学识所限，目前尚未发现如《越谚》这样体例齐备、内容广博的杭谚专著。但在历代文人中，也有一些对杭谚情有独钟，花了不少精力去搜集研究，并把它纳入个人文集的名人先贤。比如邵位西的《集杭谚诗》，钟毓龙的《说杭州》，尤其是缪艮的《梦笔生花》，记载杭州地方名谚甚多，有年画谜语，儿歌童谣，赌场术语等，风雅逗趣，甚有价值。

缪艮其人传奇色彩颇浓，其文集《游戏文章》《梦笔生花》，在古代文人中别有一种特色，对后来的钱锺书、刘半农、周作人等现代作家都产生了或深或浅的影响。如钱锺书《围城》写到众人在前往三闾大学途中，李梅亭看见方鸿渐和孙柔嘉两人过桥，不禁问顾尔谦看过《文章游戏》没有，说："里面有篇《扶小娘儿过桥》的八股，妙得很！"[1]钱锺书先生借书中人物之口，与古人进行了一次遥相致意。

这里不妨对缪艮做一介绍。

缪艮，又名缪莲仙，字兼山，号莲仙子，自称火莲道人。清乾隆三十一年（1766），出生于浙江仁和（今杭州）。缪艮多才多艺，不过累试不第，始终没有办法走上仕途，

[1]钱锺书：《围城》，四川文艺出版社，1991年，第175页。

终生为生计奔波劳碌。曾居广东二十六载，以授书卖文为生，经年处于穷困潦倒之态，生计维艰。其自述诗："家世本贫素，力难继书香。蹉跎十四五，市井徒彷徨。"真实反映了他的生活状况。

客居广东期间，缪艮与珠江花坊歌女秋娟相识于贫贱，相恋于知心，但因贫困无钱，两人有心无力，不能长相厮守，后遇上时局动乱，更是天各一方。缪艮一直忘不了这一段乱世情缘，写成长曲《客途秋恨》，纪念他与秋娟的爱情。这首曲子后来被编写成南音曲目和粤剧《客途秋恨》，由此不胫而走，很快成了家喻户晓的流行曲目。白驹荣、新马师曾、张国荣等著名粤、港演员，都演唱过《客途秋恨》。

张国荣与梅艳芳主演的电影《胭脂扣》，主题曲就是《客途秋恨》。十二少与妓女如花的故事，曾经打动了无数痴情人。两人以胭脂扣定情，一起吞鸦片殉情，在地府看不到自己的爱人，又再次回到阳间寻找，仿佛是缪莲仙故事的一个浪漫电影版本。

这样一位传奇的才子，他整理记录的杭州谚语，也会具有不一样的色彩吧？

而《游戏文章》记录的杭州谚语，有这样几种形式：

俗语对，把市井俗语，编成对句。《俗语杂对》《俗语对》中都是这部分内容，如：报喜，送穷；黄甲，白丁；酒德，饭缘；作娇，戏醒；尖酸，老辣；说背，谈心；哑谜，盲词；滴卤儿，倒霉；出手货，见面钱；无头鱼，没脚蟹；猢狲君子，蚂蚁官儿；灶前老虎，门里金刚；豆腐架子，灯草拐儿……

这些日用常见的粗鄙俚语，以文雅对句的形式出现，往往会产生令人意想不到的谐趣。"送穷"是古代的一种岁时风俗——祭送穷鬼，"报喜"正好可以对送穷。"黄甲"指科举甲科及第者，其名以黄纸附卷末，黄甲对白丁，非常工整。"酒德"是喝酒后的品性举止，"饭缘"则是饭桌上的缘分，与现在"饭圈"一词有异曲同工之妙。"哑谜"是谜语的一个分类，"盲词"是旧时的一种民间说唱文学，两者以喻体作对，别出机杼。"滴卤儿"是一个经典的杭州话用语，指人丢脸出丑，与"倒霉"是一对好兄弟，老大不输老二。"灶前老虎"，形容只会在家里面逞凶称霸；"门里金刚"，讽刺一个人在小范围内自高自大，两者恰是绝对，一个德性。"豆腐架子""灯草拐儿"，都是不牢靠，经不起碰，支持不住的东西。如《金瓶梅》第二十六回，宋蕙莲埋怨西门庆："你原说教他去，怎么转了靶子，又教别人去？你干净是个球子心肠，滚上滚下，灯草拐棒儿，原拄不定。"①

俗语诗，以杭州俗语为素材，经过创作，写成绝句和律诗等形式。《集杭州俗语诗》《集杭州俗语竹枝词》《集杭州俗语弦索乐府》三部分，辑纳了不少这类作品，有缪莲仙自己的诗作，也有他朋友的诗作，还有些是他的作品，但假托是人家的，然后在点评中，自己出来赞叹评品一番的。如：

《集杭州俗语诗·其二》

出外一时难，蓬蒿当雀竿。
手长袖子短，脚瘦草鞋宽。
快嘴三娘子，空心大老官。
世情看冷暖，客去主人安。

"蓬蒿当雀竿"，似乎语出《庄子·逍遥游》。小泽里的那只麻雀（斥鹖）讥笑大鹏鸟说："你飞那么远，哪有我盘旋于蓬蒿丛中有意思呀？”这就是蓬蒿雀竿的来历。《庄子》中那只麻雀嘲笑大鹏目标的缥缈难及，却不知道自己局限于草丛之间的可怜。缪莲仙反其意而用之，形容客居在外的困窘无奈，虽然有齐云之志，但也只能因陋就简，与麻雀一起栖止于蓬蒿之间。现在江浙一带，还有人说“蓬蒿当丈竿”的，这句俗语中，“丈竿”就是晾衣竿，旧时往往用细长的竹竿做成，不知是否源出于此。

颔联说生活之艰难，宋释普济《颂古》有诗句“大士臂长衫袖短，善财脚瘦草鞋宽”，可见这两句也是人们所常用的俗语。颈联言人事之粗鄙，“快嘴三娘子”，指嘴尖牙利，说话不留情的妇女；“空心大老官”，指外表浮华，内里空虚的男子。尾联叹世情之冷暖，主人虽然接待了客人，但内心其实一直盼着客人早点离开，不要再打扰自己了。全诗每一句都是日常生活中烂熟的俗语，作者信手拈来，似乎随口而出，但又在天然中见深意，谐俗中有雅致。

还有一韵体的《集杭州俗语竹枝词》，试举《其二》中的两则：

> 螺蛳壳里做道场，会打官司打半场。
> 骑了母猪落教场，轰轰烈烈做一场。
>
> 新筑茅坑三日香，作恶空烧万炷香。
> 家花不出野花香，怎得梅花扑鼻香。①

七言四句，一韵到底。句与句之间，语断意连，似接非接，用重复出现的尾字连接，虽然更似游戏之作，但读来也颇有意思。《游戏文章》校注者钱塘汤小眉称赞曰：“此天籁也，读者慎勿以皮毛求之也。”下面试

①〔清〕缪艮：《梦笔生花　文章游戏》，大达图书供应社，1935年，第122—123页。

选择一些俗语，略作解说。

"螺蛳壳里做道场"，意指在狭窄简陋处做复杂的事情。范寅《越谚》卷上归入"詈骂讥讽之谚"："螺蛳壳里做道场，讥屋窄。"现在一般用来指条件所限，做事情无法施展手脚，嘲人自嘲都可使用。如鲁迅先生历史小说《故事新编·理水》里，那个乡下人与"文化山上"的学者们辩论大禹是虫还是人："现在又是这么的人荒马乱，交通不方便，要等您的朋友们来信赞成，当作证据，真也比螺蛳壳里做道场还难。证据就在眼前：您叫鸟头先生，莫非真的是一个鸟儿的头，并不是人吗？"[1]可见这句话在吴语区流传颇广，但追寻源头，这句俗语与杭州有着特殊的关系。

古时候，钱塘门外，有不少穷人靠卖螺蛳为生，废弃的螺蛳壳就扔在河边，日积月久，堆积如山。据说名将岳飞被害后，狱卒隗顺感于忠义，冒险将其遗体偷出，掩埋在螺蛳壳堆中。岳飞平反后，朝廷寻访岳飞遗骨，隗顺后人悄悄在皇榜旁边贴了一张字条："欲觅忠臣骨，螺蛳壳里寻。"后来朝廷在原葬地做水陆道场，超度英雄亡灵。"螺蛳壳里做道场"，也就成了杭州人的一句谚语。

"会打官司打半场"，此为劝人息止纠纷之语，意谓做事留一线，不要把别人逼到绝境上，导致两败俱伤。"骑了母猪落教场"，教场是检阅演武之所，应该是长枪骏马，顶盔掼甲，骑着母猪到教场中，那难堪可笑之处，比堂吉诃德爵士都要多无数倍了。

"新筑（造）茅坑三日香"，也作"新箍马桶三日香"，比喻做事情不能长久坚持，只是在刚开始的时候兴趣很大，过后就会放弃。如清张南庄《何典》第五回："形

①鲁迅：《故事新编》，中国商业出版社，2018年，第35—36页。

容鬼也不等断七，就将活死人领了回去。醋八姐看见，也未免新箍马桶三日香，'弟弟宝贝'的甚是亲热。"[1] "作恶空烧万炷香"，是劝人要行为端正，心地善良；如果为非作恶，烧香再多也枉然。明范受益《寻亲记》有句："慈悲胜念千声佛，作恶空烧万炷香。"此句的现实意义，更体现在后半句。世上总有一种人，既要恶事做尽，又想菩萨保佑，但哪里会有这么便宜占尽的事呢？所以这句既是劝人之语，也是警示之语。

除了上面诗作中引用的，《文章游戏》中还收录了许多杭州俗语，如"纱帽底下无穷人""数着和尚做馒头""老虎来了看雌雄""乡里狮子乡里跳""货高招远客""吃了五谷想六谷，巴得千钱要万钱""抹桌儿另起，对（碰）鼻子转弯"等等，有的现在还有生命力，经常在日常生活中听到有人使用；有的则很少听到了，但其中蕴含的智慧和意趣，不假解释，仍然能够明白；还有一些，随着时代与生活的变化，渐渐淡出人们生活，如果没有注释，很少有人能懂了。

如《俗语对》中有一个对句："肚皮上出香覃，屁股里吃人参"，"屁股里吃人参"是后补（候补），"肚皮上出香覃"就不知意之所指了。"老虎来了看雌雄"虽然也很少听到有人说了，但话语生动，意思自明。老虎追到脚后跟了，被追的人居然还关心老虎是雌是雄，还有比这更不知轻重、更慢性子的吗？"乡里狮子乡里跳，当方土地当方灵"，比喻某种办法只可在某种环境中进行，离开这种环境就行不通了，或指自身条件不高，只配在低层次的场所活动。语言生动，通俗易懂。

在诗词、对句之外，缪艮还以俗语为题，戏仿八股文的格式进行创作，赋俚语、俗句以圣贤之语的地位，虽然不脱游戏味道，但在嬉笑打趣的背后，常常能见到

杭州风俗 HANG ZHOU

[1]〔清〕张南庄：《何典》，上海书店，1926年，第85页。

人心之微妙，世事之艰辛。游戏其貌，正经其心，虽云八股，实为小品。如初编、二编收录的《怕老婆的都元帅》《扶小娘儿过桥》《晴天不肯走，直待雨淋头》《秀才人情纸半张》《急来抱佛脚》《老虎拖蓑衣没人气》，都属于此类。

《急来抱佛脚》，取自谚语"平时不烧香，急来抱佛脚"，喻人平时没有好好准备，临事只好慌忙应付。[1]文章描述了一个"饱食终日、无所用心"的偷懒者形象，经不念，禅不参，甚至宁可不吃肉、不娶妻，也不想做事，白白浪费了大好时光，等到年老体衰，事迫途穷，只好临时抱佛脚了。作者以对话的方式，细致入微地刻画了抱佛脚者情急之下慌不择路，把佛脚作为救命稻草的心态。紧急之时，连拜佛的时间也没有，只是紧紧抱住佛脚，希望能够救命。

作者站在菩萨的角度，对抱佛脚者的行为提出质疑：

> 而大佛于此，又讶然询矣：子欲亲我，胡弗拉手？子诚爱我，胡弗掇臂？念掣肘之多烦，示余屈膝；怜步趋之欠速，为我添油。无事不登三宝，而手忙脚乱，子以为窃履来与？

菩萨在这里也幽了一默，你又不亲我，又不拜我，是来偷鞋子的吗？以滑稽的文字，写尽了抱佛脚者的丑态，读来令人喷饭。

又如《肚疼埋怨灶君》，本来是一句讥讽之语，意指自己没本领做事情，却埋怨他人。但在这篇戏拟的八股文中，作者通篇以肚疼者的口吻说话，说出肚疼应该埋怨灶君的道理：庖人不治而不辨，难逭昏懦之讥；食有妖异而不知，难逃失察之责。我之肚疼不能祛，又不

①〔清〕缪艮：《梦笔生花 文章游戏》，大达图书供应社，1935年，第73页。

为我上天直奏，求取灵丹妙药，这样不作为，还不应该埋怨你吗？作者转换角度，以肚疼者的心理陈述理由，看似振振有词，符合逻辑，实则荒诞不经，一派歪理。在一本正经的论述中，暴露了埋怨者无理取闹、怨天尤人的可笑之处。

《钟馗着鬼迷》，钟馗本来是捉鬼的神灵，但在"溜打鬼""扮鬼脸""怀鬼胎"等各种鬼的戏弄下，被迷得晕头转向。"然钟馗且自不知为钟馗，亦并不知着鬼迷矣。则见夫自言自语而说鬼话，则见夫手舞足蹈而做鬼戏。"将众鬼戏弄钟馗的过程描述得异常热闹，如同一台戏剧，颇有鬼趣。最后，文中云："钟馗耶，鬼耶？鬼耶，钟馗耶？一而二，二而一矣。"[1]读者看到此处，不由得悚然一惊，捉鬼专家，不知不觉被鬼同化，称为做鬼专家了。皮里阳秋的文字中，实有深意焉。

《扶小娘儿过桥》，抓住"扶者"的心理活动来展开分析，既怕有伤风化的舆论谴责，又忍受不住小娘子美色诱惑，然后以张良的进履之"贤"和尾生的守约之"信"来为自己的行为找借口，刻画出其虚伪的心理。钱锺书先生《围城》中，李梅亭一路上寻花问柳，闹出了不少笑话。可他看见男女同事稍显亲昵之举，竟生醋意，便想到了《扶小娘儿过桥》，以此来嘲笑讽刺方鸿渐两人，实则暗暗透露出自己内心的阴暗。《围城》中的这个"梗"，看似一处闲笔，实则写出了人物的复杂心理。李梅亭所言的"妙得很"，不但可指缪艮的文章，其实还可以用来说明《围城》的文笔啊。

这类有趣的俗题八股文，在《文章游戏》中还有不少，如《猢狲戴帽儿学为人》《老虎吞蝴蝶儿》《老虎拖蓑衣没人气》等文，作者往往信手拈来，游戏于儒家经义之外，出入于市井俚语之中，无中生有地编写故事，

[1]〔清〕缪艮：《梦笔生花 文章游戏》，大达图书供应社，1935年，第70页。

煞有介事地辨析说理，在人们熟悉的日常俗语中，寻找不合常理之处，以轻松诙谐的笔墨，阐述世情义理。

缪艮《文章游戏》中俗语对接近上千条，集杭州俗语诗、律诗、绝句、竹枝词等各种题材合计上百首，加上不少的俗题八股文，收录了大量反映杭州底层生活风情的俗语谚语，并加以自己的发挥创作，是古代文人参与民间文学写作的一次探索，饶有意趣，也弥足珍贵。

正如朱自清先生所言："谚语是一人的机锋，多人的智慧。"谚语在诞生之初，也许仅是某个人的灵机一动，但恰好说出了大家的人生经验和生活体会。在整理众人的智慧上，范寅的《越谚》更加系统规范；而在凸显一人的机锋上，缪艮则体现出一位文人作家的丰富和生动。

三、灯谜，还是舞台艺术？

谜语在诞生之初，与俗语歌谣就像是老大老二，难分彼此。南宋周密《齐东野语》中就说道："古之所谓廋辞，即今之隐语，而俗所谓谜。"这里所说的廋辞，就是一种富有暗示性的谚语和歌谣。

真正意义上的灯谜，一般认为出现于两宋，与杭州有密切的关系。元宵节的时候，临安城都要举行猜灯谜活动，人们将谜条系于五彩花灯上，供人猜射，猜中有奖。灯谜因为难猜，所以又叫"灯虎"，猜灯谜叫"射灯虎"。

明清时期，猜灯谜在士大夫阶层中非常流行，文人墨客间的聚会，家庭成员间的消遣，还有一些商号店铺为了吸引顾客，都会借元宵佳节组织灯谜活动。高悬的花灯上，张贴着各种谜语，众人引颈而立，费心揣摩，猜中者往往还有文房四宝，乃至绫罗绸缎等各种彩头奖品。

《红楼梦》第二十二回"听曲文宝玉悟禅机，制灯谜贾政悲谶语"，写到元春在宫中送出一个灯谜让大家猜，还要每人也作一个送去让她猜。贾府这里也摆开酒席，开始猜灯谜了：

> 贾母见元春这般有兴，自己越发喜乐，便命速作一架小巧精致围屏灯来，设于当屋，命他姊妹各自暗暗的作了，写出来粘于屏上，然后预备下香茶细果以及各色玩物，为猜着之贺。贾政朝罢，见贾母高兴，况在节间，晚上也来承欢取乐。设了酒果，备了玩物，上房悬了彩灯，请贾母赏灯取乐。

《红楼梦》里写的是大家族家庭成员之间的猜谜活动，元宵团聚之际，一家人在一起猜灯谜，猜中者欣喜欢悦，猜不出者挠头苦想，等到说出谜底，才恍然大悟，出谜者与猜谜者一起开心大笑，节日的欢乐氛围更加浓厚。

但这种猜灯谜活动，与古代杭州的情况还不大一样。

据南宋周密《武林旧事》卷二"灯品"记载，当时，上元灯会十分盛行，有好事者"又有以绢灯翦写诗词，时寓讥笑，及画人物，藏头隐语，及旧京诨语，戏弄行人。"这里的"藏头隐语"就是灯谜，用藏头诗的形式，或者暗示隐喻的方式，把所指的事物隐藏起来让人猜。值得注意的是，那时候的灯谜是与"旧京诨语"，即一些诙谐逗趣的话并举的，目的是戏弄行人，营造节日气氛。

所以，灯谜这时候更像是一种逗趣的道具。

南宋耐得翁《都城纪胜·瓦社众伎》记载，在南宋的京师临安瓦舍中，有专门从事"商谜"的伎艺人，以猜谜语的形式，表演一种滑稽风趣的说唱艺术。"商谜，旧用鼓板吹《贺圣朝》，聚人猜诗谜、字谜、戾谜、社谜，本是隐语。有道谜（来客念隐语说谜，又名打谜）、正猜（来客索猜）、下套（商者以物类相似者讥之，人名对智）、贴套（贴智思索）、走智（改物类以困猜者）、横下（许旁人猜）、问因（商者喝问句头）、调爽（假作难猜，以定其智）。"

这里详细介绍了宋时商谜的做法。先用鼓板演奏"贺圣朝"音乐，聚拢人群。商谜时分商者、来客两人表演。商的套路也很多，有道谜、正猜、下套、贴套、走智、横下、问因、调爽等等方式。商者出谜，来客猜谜，有问有答，反复斗智，这就有点类似现在的相声了。

具体情形是怎么样的呢？侯宝林先生说过一个相声《猜谜语》，我们可以从中推测"商谜"的情景。甲、乙二人围绕谜语开始杠上了，乙给甲出了一个谜语，四句诗打四味中草药："眼看来到五月中，佳人买纸糊窗棂。丈夫贸易三年整，一封书信半字空。"谜底分别是半夏、防风、当归、白芷。

甲猜不出，就开始抬杠挑刺了，说这个谜语出得不合理：五月是半夏，但碰到闰四月怎么办呢，还能说是半夏吗？糊窗户是可以防风，可这都夏天了，该通风啊，怎么还防风呢，不嫌热吗？乙没法解释，只好找理由说是这户人家生孩子坐月子了。这时候，包袱开始来了。甲问：丈夫三年未归，那这孩子哪来的？挤兑得乙再也没法自圆其说，观众们忍不住捧腹大笑。

滑稽有趣的"商谜"，大致与此相似，只不过比相声更加热闹，不但有乐队伴奏，还有观众参与互动。据《游艺文化》介绍，类似的情形在清代初年阮大铖《春灯谜》剧本中依然能看到，剧中出现的商谜伎艺人，"持灯谜、灯笼、细吹打"上场，灯笼灯谜的出场，同样有音乐伴奏，热闹非常。[1]你看，在古代杭州，猜灯谜，不仅仅是简简单单的猜谜语，还是一种广受欢迎的舞台艺术。

随着灯谜的流行，还出现了灯谜组织灯谜社。谜社成员以文人居多，他们或以谜相酬和，或以谜相嬉戏，或以谜讥讽时事，共同推动了谜语的发展。《谜史》作者钱南扬[2]曾经讲过一个故事。清朝的时候，某书生痴迷于制谜。一日读书口渴，就叫："梅香，泡茶。"丫环回答一声："晓得。"就去泡茶了。窗外草木泛绿，一派春光，书生突然有悟，就做了一条谜语："春到人间草木知。"以梅香扣"春到"，以晓得扣"知"，而以"茶"字，对"人间草木"。可谓想入非非，神游于艺矣。

《武林新年杂咏》"灯谜"条记载："素灯四面贴，写诗词及剪画物状，藏春走智，出奇无穷。好事者悬于檐牙巷角，聚人商揣，每至斗转月斜，低回不去。"[3]反映的则是谜与灯结合后的猜谜盛景，街头巷尾、家家户户，高悬灯谜，猜谜者三五好友，或成群结队，直到夜深人静，还在徘徊纠结，舍不得回去。谜语，对于他们来说，既是一种游戏，也是一种生活啊。

写到这，突然想到贾平凹的一篇文章："想起一友人游杭州归来，极力夸赞某一公园门口的对联怎么怎么得好，问对联内容，说：上联是□□□□□□□，下联是□□□□□□春。"[4]只记得最后一个字。

①李慕南主编：《中国·文化史丛书·游艺文化》，河南大学出版社，2005年，第212页。
②浙江平湖人，戏曲、谜语研究专家，曾于浙江大学文理学院、杭州大学中文系任教。
③〔清〕顾光：《武林新年百咏》，见《杭州文献集成》第4册，杭州出版社，2014年，第521页。
④贾平凹：《贾平凹散文全编·时光长安》，时代文艺出版社，2015年，第11页。

如果我们给杭州"商谜"，这副只有一个字的对联是不是很合适呢？方框里隐去的那些，有山，有水，有市井的热闹，有朴素的风雅。你能够真切地感受到，但很快又将散落于逝去的时光中。

参考文献

1.孟元老著，姜汉椿译注：《东京梦华录全译》，贵州人民出版社，2009年。

2.周密：《武林旧事》，中华书局，2007年。

3.吴自牧：《梦粱录》，浙江人民出版社，1984年。

4.耐得翁：《都城纪胜》（外八种），上海古籍出版社，1993年。

5.陈元靓：《岁时广记》，浙江大学出版社，2020年。

6.西湖老人：《西湖老人繁胜录》，中国商业出版社，1982年。

7.周密：《癸辛杂识》，中华书局，1988年。

8.郎瑛：《七修类稿》，上海书店出版社，2001年。

9.吴儆：《钱塘观潮记》，《西湖文献集成》第14册，杭州出版社，2004年。

11.张岱:《陶庵梦忆　西湖梦寻》,凤凰出版社,2016年。

12.张岱：《夜航船》，浙江古籍出版社，1987年。

13.范祖述：《杭俗遗风》，杭州出版社，2004年。

14.王文锦译解：《礼记译解》，中华书局，2001年。

15.王国平主编:《西湖文献集成》,杭州出版社,2004年。

16.王国平主编：《杭州文献集成》第4册，杭州出版社，2014年。

17. 富察敦崇：《燕京岁时记》，北京古籍出版社，1981 年。

18. 顾禄：《清嘉录》，江苏凤凰文艺出版社，2019 年。

19. 缪艮：《梦笔生花 文章游戏》，大达图书供应社，1935 年。

20. 钟毓龙：《说杭州》，浙江人民出版社，1983 年。

21. 张南庄：《何典》，上海书店，1926 年。

22. 秦永洲：《中国社会风俗史》，武汉大学出版社，2015 年。

23. 浙江民俗学会编：《浙江风俗简志》，浙江人民出版社，1986 年。

24. 徐吉军：《南宋临安社会生活》，杭州出版社，2011 年。

25. 韩贵新：《端午旧事》，河北大学出版社，2011 年。

26. 顾希佳：《钱塘江风俗》，杭州出版社，2013 年。

27. 顾希佳主编：《西湖风俗》，杭州出版社，2004 年。

28. 李慕南主编：《婚育习俗》，河南大学出版社，2005 年。

29. 李慕南主编：《游艺文化》(中国文化史丛书·民俗卷)，河南大学出版社，2005 年。

30. 孙晔编：《杭州：烟柳画桥中的写意时光》，北方文艺出版社，2016 年。

31. 孙跃：《西湖的历史星空》，浙江大学出版社，2012 年。

32. 周膺、吴晶：《西溪望族》，杭州出版社，2012 年。

33. 孔庆茂：《丹桂堂前——钱钟书家族文化史》，长江文艺出版社，2000 年。

34. 余世存：《家世》，北京时代华文书局，2018 年。

35. 陈寿灿、杨云等：《以德齐家——浙江家风家训研究》，浙江工商大学出版社，2015 年。

36. 路易吉·布雷桑编著：《西方人眼里的杭州》，学林出版社，2010 年。

37. 鲍士杰：《说说杭州话》，杭州出版社，2005 年。

38. 曹晓波：《武林旧事——老底子杭州话》，杭州出版社，2013年。

39.孙旭升《越中乡音漫录》，南京大学出版社，2015年。

40.胡仔：《苕溪渔隐丛话》，人民文学出版社，1962年。

41.刘邠：《中山诗话》，载何文焕编《历代诗话》，中华书局，1981年。

42.白居易：《白居易集》，中华书局，1979年。

43.苏轼：《苏轼诗集》，中华书局，1982年。

44.孟棨等：《本事诗 本事词》，古典文学出版社，1957年。

45.苏轼著，刘尚荣校证：《东坡词傅幹注校证》，上海古籍出版社，2016年。

46.朱德才选注：《辛弃疾词选》，人民文学出版社，2017年。

47.朱淑真著，冀勤辑校：《朱淑真集注》，中华书局，2016年。

48.陆游著，钱仲联校注：《剑南诗稿校注》，上海古籍出版社，2005年。

49.唐圭璋编：《全宋词》，中华书局，1965年。

50.李昉等编：《太平广记》，中华书局，1961年。

51.王汝涛等选注：《太平广记选》，齐鲁书社，1980年。

52.文莹：《湘山野录 续录 玉壶清话》，上海古籍出版社，2012年。

53.干宝：《搜神记》，江苏凤凰文艺出版社，2019年。

54.张潮辑：《虞初新志》，河北人民出版社，1985年。

55.郑澍若：《虞初续志》，中州古籍出版社，1989年

56.纪昀：《阅微草堂笔记》，云南人民出版社，2013年。

57.萧欣桥选注：《西湖古代白话小说选》，浙江人民出版社，1982年。

58.周清原：《西湖二集》，人民文学出版社，1989年。

59.卢润祥、沈伟麟主编：《历代志怪大观》，上海三联书店，1996年。

60. 罗贯中：《三国演义》，江苏凤凰美术出版社，2015年。

61. 施耐庵、罗贯中：《水浒传》，中华书局，2005年。

62. 冯梦龙：《喻世明言》，中华书局，2015年。

63. 冯梦龙：《警世通言》，中华书局，2015年。

64. 冯梦龙：《醒世恒言》，中华书局，2015年。

65. 古吴墨浪子：《西湖佳话》，浙江人民出版社，1981年。

66. 吴敬梓：《儒林外史》，作家出版社，2019年。

67. 袁枚：《子不语》，时代文艺出版社，2003年。

68. 吴承恩：《西游记》，人民文学出版社，2002年。

69. 沈复著，林语堂译：《浮生六记　汉英对照绘图本》，外语教学与研究出版社，1999年。

70. 西周生：《醒世姻缘传》，太白文艺出版社，2007年。

71. 曹雪芹：《红楼梦》，中华书局，2009年。

72. 兰陵笑笑生：《金瓶梅词话》，人民文学出版社，2008年。

73. 金庸：《倚天屠龙记》，广州出版社，2013年。

74. 王觉仁：《大唐兴亡三百年》，人民日报出版社，2018年。

75. 欧阳茜茜：《假如生活在清朝》，中国法制出版社，2019年。

76. 李开周：《过一场风雅的宋朝生活》，中国法制出版社，2019年。

77. 鲁迅：《中国小说史略》，上海古籍出版社，1998年。

78. 鲁迅：《故事新编》，中国商业出版社，2018年。

79. 丰子恺著，丰陈宝、丰一吟编：《丰子恺散文全编　下》，浙江文艺出版社，1992年。

80. 周作人：《老虎桥杂诗》，河北教育出版社，2002年。

81. 郁达夫：《郁达夫散文集》，北方文艺出版社，2019年。

82. 王水照、崔铭：《苏轼传》，天津人民出版社，2013年。

83. 张宏杰：《曾国藩传》，民主与建设出版社，2019年。

84.朱自清：《朱自清散文选集》，百花文艺出版社，2020年。

85.钟叔河编：《周作人散文全集》，广西师范大学出版社，2009年。

86.钱锺书：《围城》，四川文艺出版社，1991年。